500 blagues de TOTO

Textes de Virgile Turier
Illustrations de Gyom

DEUX COQS D'OR

Directeur : Sarah Kœgler-Jacquet
Directeur artistique : Florent Salaün
Responsable éditoriale : Sandra Berthe
Assistante d'édition : Marion Lambert

Auteur : Virgile Turier
Illustrations : Gyom
Illustrations de couverture : Romain Guyard
Maquette : Caroline Rimbault
Suivi éditorial : Agathe Baudet
Correction : Agnès Scicluna

Le père de Toto est en colère :
« Non mais, tu as vu tes notes, Toto ! C'est lamentable. Je voudrais bien savoir si ton copain Kevin rentre chez lui avec des 0 et des 5 sur 20 sur son carnet...
- Non, mais lui c'est différent, ses parents sont intelligents... »

Le professeur demande à Toto de conjuguer le verbe manger à la première personne, au présent, au futur et au passé composé. Toto s'exécute :
« Je mange, je mangerai et, euh...
J'AI PLUS FAIM ! »

Toto va voir sa maman.
« Maman, Maman...
je me suis fait mal !
- Où ça ?
- Là-bas ! »

La maîtresse demande à Toto :
« Conjugue-moi le verbe savoir à tous les temps.
- Je sais qu'il pleut, je sais qu'il fait beau, je sais qu'il neige. »

Toto raconte à ses copains :
« Je me suis retrouvé coincé entre un tigre et un éléphant, je ne pouvais plus rien faire ! Heureusement, j'ai vu un hélicoptère, et je suis monté dedans !
- N'importe quoi !
- Mais si ! Même que ma mère m'a payé un autre tour de manège ! »

Toto et Julien jouent avec le gros chien des voisins. Toto observe l'animal.
« C'est marrant, ce chien n'a pas de nez !
- Ah bon, mais comment sent-il ? demande Julien.
- Très mauvais ! »

Toto demande à son père :
« Papa, c'est quoi un synonyme ?
- C'est un mot qu'on emploie quand on ne sait pas comment l'autre s'écrit. »

C'est Toto qui dit à sa maîtresse en lui rendant son carnet de notes :
« Je n'aimerais pas vous inquiéter, mais, ce week-end, papa m'a dit que si je n'avais pas de meilleures notes sur mon bulletin le mois prochain, il connaissait quelqu'un qui aurait de ses nouvelles... »

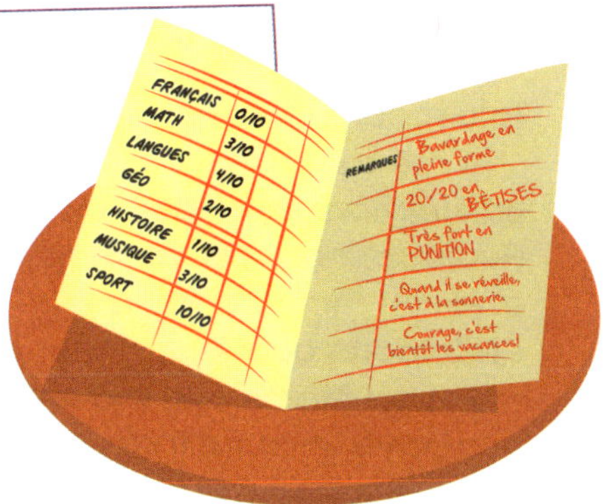

La maîtresse demande à Toto de conjuguer le verbe marcher au présent.
Toto lui répond lentement, en hésitant :
« Je marche... tu marches... il marche... nous... »
La maîtresse lui demande d'aller plus vite.
Alors Toto lui répond :
« Je cours, tu cours, il court... ! »

C'est l'anniversaire du papa de Toto.
Son papa lui demande :
« Ce qui me ferait le plus plaisir Toto pour mon anniversaire, c'est que tu travailles bien à l'école.
- Trop tard, lui répond Toto, je t'ai déjà acheté une cravate ! »

Pendant un cours de français, la maîtresse demande à Toto de conjuguer le verbe chanter :
« Si tu chantes, tu dis quoi ?
- Je chante.
- D'accord, et si c'est ton papa tu dis quoi ?
- Arrêêête ! »

En fin d'année scolaire, Toto rentre chez lui et annonce très joyeusement à sa mère :
« Maman, tu devineras jamais, mais je suis meilleur que la maîtresse.
- Ah bon ?
- La maîtresse reste dans la même classe, et moi, je passe dans la suivante ! »

En classe :
« Toto, si tu as dix-huit bonbons et que Clara t'en prend la moitié, combien t'en reste-t-il ?
- Hein ? Qu'elle essaie, pour voir ! »

La nouvelle institutrice a envie d'inculquer des notions de psychologie à ses élèves. Elle s'adresse à la classe en ces termes :
« Que celui qui a l'impression d'être stupide par moment se lève ! »
Après une bonne dizaine de secondes, Toto se lève... de mauvaise grâce.
L'institutrice :
« Alors comme ça Toto, tu penses que de temps en temps tu peux être stupide ?
- Non m'dame, mais ça me faisait de la peine de vous voir toute seule debout. »

La maîtresse demande à Toto :
« C'est quoi la légitime défense ?
- C'est quand mes notes sont tellement mauvaises que je suis obligé de signer moi-même mon carnet. »

Toto dit à un de ses copains :
« Il paraît que notre cerveau ne fonctionne qu'à 50% de ses capacités !
- Je ne te crois qu'à moitié ! »

Toto visite un vieux château écossais. À la fin de la visite, le guide lui demande s'il a aimé. Toto reconnaît qu'il a eu un peur de voir débouler un fantôme.
« Ne vous affolez pas, je n'ai jamais vu un fantôme depuis que je suis ici.
- Et ça fait combien de temps ?
- Environ trois siècles... »

Toto est à la campagne chez son oncle Jojo.
« Attention, Toto, si tu n'arrêtes pas de faire l'andouille, je te fais dormir dans le poulailler !
- D'accord, mais je te préviens, t'y gagneras rien, je pondrai pas ! »

C'est Toto qui rentre de l'école tout content.
Il dit à sa mère :
« Maman, je suis le seul à ne pas avoir eu 0 au devoir. Le maître a dit : "Mathieu 0, Thomas 0, Christophe 0 et Toto idem !" Tu peux être fière de moi ! »

Toto dit à une de ses amies :
« J'aurais bien aimé vivre au Moyen Âge !
– Pourquoi ?
– Parce que j'aurais eu moins d'histoire à apprendre ! »

Le professeur demande à Toto :
« Toto, voudrais-tu aller au tableau, nous montrer sur la carte géographique où se situe l'Amérique.
Toto y va, et pointe du doigt l'Amérique.
- Maintenant que vous savez tous où se trouve l'Amérique, pourriez-vous me dire qui l'a découverte ?
Toute la classe en chœur :
- C'est Toto ! »

Toto déclare à un copain :
« Dans la vie y'a trois sortes de gens.
- Ah bon ?
- Ouais, y'a ceux qui savent compter et ceux qui ne savent pas ! »

La maîtresse demande à Toto :
« Toto pourrais-tu me dire ce qu'est un oiseau migrateur ?
- Oui m'dame, c'est un oiseau qui se gratte que d'un seul côté ! »

Toto demande à son père :
« De quelle couleur sont
les petits pois ?
- Les petits pois sont verts !
- Bah non ! Les petits pois sont
rouges, voyons papa ! »

Toto et son père sont tous deux partis à la pêche.
Alors qu'ils attendent que ça morde, Toto demande :
« Dis papa, comment ça se fait que les barques flottent sur l'eau au lieu de couler ?
- Oh ça, j'en sais rien Toto… »
Un peu plus tard, Toto revient à la charge :
« Dis papa, comment font les poissons pour respirer sous l'eau ?
- Euh… Je ne sais pas, fiston… »
Encore un peu plus tard :
« Dis papa, pourquoi le ciel est bleu ?
- Aucune idée Toto. »
Encore plus tard, Toto demande :
« Papa, ça ne t'embête pas si je te pose toutes ces questions ?
- Bien sûr que non Toto : si tu ne posais aucune question,
tu n'apprendrais jamais rien ! »

Toto, en vacances à la campagne, passe devant un champ et demande à un paysan :
« Mais comment faites-vous pour obtenir des radis aussi gros ?
- Ce n'est pas compliqué, Toto. J'ai semé des graines de betterave rouge ! »

En classe :
« Toto, quelle est la femelle du taureau ? »
Un copain regardant à la fenêtre voit quelqu'un voler le vélo de Toto :
« Psst, Toto, on a volé ton vélo !
- Oh la vache !
- Très bien, Toto, reprend la maîtresse. Peux-tu me dire quelle est la femelle du hibou ?
- Psst, Toto on a retrouvé ton vélo !
- Chouette ! »

Toute la classe de Toto fait des dessins et la maîtresse passe entre les tables pour les observer. Arrivée devant Toto, elle s'étonne de ne rien voir sur la feuille.
« Tu n'as rien dessiné Toto ?
- Si madame, j'avais dessiné des vaches avec de l'herbe, mais les vaches ont brouté toute l'herbe, et puis elles sont parties. »

Toto revient de l'école avec son bulletin.
Des zéros partout.
« Quelle excuse vas-tu encore me donner ?
- Eh bien, j'hésite entre l'hérédité et l'environnement familial, maman. »

Toto a du mal à faire son exercice de maths. La maîtresse tente de lui expliquer :
« Si tu plonges la main dans ta poche de droite et que tu trouves une pièce de 1 euro, et si tu plonges ta main gauche dans ta poche de gauche et que tu trouves un autre euro, qu'est-ce que tu auras ?
- Le pantalon de quelqu'un d'autre, madame. »

En classe de Sciences naturelles, la maîtresse demande à Toto :
« Peux-tu me dire comment se reproduisent les hérissons ?
- En faisant très, très attention madame ! »

La maman de Toto a 3 enfants Riri, Fifi, et ? Toto !

La maman de Toto vient d'accoucher d'une jolie petite fille. Le papa explique alors à son fils :
« Cette nuit, Toto, un ange est venu t'apporter un petite sœur. Veux-tu la voir ?
- Nan, j'veux voir l'ange ! »

Au début de l'année, la maîtresse décide de mieux connaître ses élèves.
« Aujourd'hui, j'aimerais que vous me disiez chacun quel est le prénom de votre papa ! Toi Aurélien, comment s'appelle ton papa ?
- Mon papa s'appelle Claude.
- Et toi Cédric ?
- Il s'appelle Jean-Pierre, madame.
- Et toi, Toto ?
- Heu, je me souviens plus...
- Mais enfin Toto, que dit-on quand on appelle ton papa ?
- Heu... ah oui, je me souviens : "ON MAAANGE" ! »

Le matin, la maîtresse demande à ses élèves d'apprendre pour l'après-midi les nombres de 0 à 10.
L'après-midi venu, Toto rentre en classe et la maîtresse l'interroge :
« Vas-y Toto, je t'écoute.
- Un, deux, trois, quatre, cinq, six, sept, huit, dix...
- Mais... où est le neuf, toto ?
- Je l'ai mangé à midi, maîtresse ! »

C'est la sortie de l'école, mais le jeune Toto sort tout seul.
Sa mère lui dit :
« Où sont les autres ?
- Ils sont tous punis !
- Mais pas toi, c'est bien !
- Non, moi je suis renvoyé ! »

Toto rentre du jardin où il était en train de jouer avec son lance-pierres :
« Papa ! Maman... Vous qui vous demandiez quand vous alliez faire connaissance avec les nouveaux voisins, je peux vous dire que c'est dans deux minutes. »

Toto demande à un camarade :
« Qu'est ce qui est jaune
et qui court vite ?
- Un citron pressé ! »

En classe, Toto demande s'il peut aller aux toilettes. La maîtresse dit non, puis elle interroge les élèves :
« Où se trouve le plus grand fleuve du monde ? »
Et Toto répond, penaud :
« Euh, il est sous ma chaise, madame... »

Toto voit passer une étoile filante et s'écrie :
« Pourvu que Prague soit la capitale du Québec ! »
Sa mère l'entend, et lui demande :
« Pourquoi demandes-tu que Prague soit la capitale du Québec ?
- Parce que c'est ce que j'ai répondu dans mon interro ! »

C'est Toto qui va à la ferme avec sa classe
et dit à la maîtresse :
« Oh madame, y'a des cochons.
- J'ai vu, Toto.
- Oh madame, y'a des chevaux.
- J'ai vu, Toto!
- Oh ma...
- J'ai vu, Toto !
- Alors, pourquoi vous avez marché dedans ? »

« Allô ! C'est le directeur de l'école ?
- Lui-même.
- Je vous appelle pour vous prévenir que Toto est très grippé, et qu'il ne viendra pas en classe aujourd'hui…
- Ah, bon ! Mais qui est à l'appareil ?
- C'est mon papa… »

Demain, canicule, annonce-t-on à la radio. Il fera au moins 29°C à l'ombre.
« Tu as entendu, Arthur, dit Toto, demain, il vaudra mieux ne pas rester à l'ombre ! »

À table, Toto est en famille avec ses grands-parents.
Avant de s'installer, il crie à sa mère :
« Maman, maman, j'ai envie de faire pipi !
- Pas si fort Toto, ce n'est pas très poli de crier comme ça !
Tu ne peux pas dire, je ne sais pas moi, "maman,
j'ai envie de chanter ?", ce serait plus joli !
- Bon d'accord... »
À table, Toto, assis à côté de sa grand-mère s'agite.
Il aimerait bien se lever, mais doit demander la permission.
« Mamie, mamie, j'ai envie de chanter, oh, là, là, qu'est-ce
que j'ai envie de chanter ! »
La grand-mère se penche alors et dit :
« Je n'entends pas très bien, mon Toto,
viens donc me chanter ça dans l'oreille ! »

Toto se plaint à un ami,
« Ma mère m'a puni pour
quelque chose que
je n'avais même pas fait !
- Ah, oui et qu'est-ce
que c'est ?
- Mes devoirs ! »

« Papa, j'ai découvert que maman est une fée !
- Ah oui, et pourquoi maman est une fée, Toto ?
- Parce que pépé a dit qu'elle te faisait marcher à la baguette ! »

Toto et un copain entrent dans un cinéma. Toto demande :
« Deux places s'il vous plaît, madame. »
Deux minutes plus tard, il revient :
« Deux autres places, madame. »
Puis quelques instants plus tard, il revient à nouveau :
« Encore deux places... »
Étonnée, la dame s'exclame :
« C'est la troisième fois que tu prends des places !
- Ce sont les gens là-bas ! Ils n'arrêtent pas de déchirer nos tickets ! »

« Toto, c'est toi qui as mangé tous les biscuits ?
- Non, maman.
- Arrête de dire des bêtises, ta sœur t'a vu !
- Impossible, elle dormait... »

Toto a un correspondant anglais pour quelques jours à la maison. Celui-ci rentre en courant dans la chambre de Toto :
« Toto, Toto, j'ai vu un airplane !
- Mais voyons, William, on dit "avion"...
- Ah, d'accord... J'avion vu un airplane ! » reprend fièrement le correspondant.

Toto rentre de colonie de vacances.
Sur le chemin du retour, ses parents lui demandent :
« Alors, Toto, tu as eu beau temps, là-bas ?
- Oui ! Il n'a plu que deux fois ! répond Toto.
- Ah ?
- Oui, la première fois, pendant une demi-journée, et la deuxième, pendant dix jours ! »

Toto est chargé de surveiller le lait qui chauffe sur la cuisinière. Tout à coup, il s'écrie :
« Maman, viens vite, il y a plus de lait que de casserole ! »

Toto se promène lorsqu'il arrive devant un peintre qui a installé son chevalet.
« Vous ne peignez que des paysages, monsieur ? demande Toto poliment.
- Oui fiston ! Aucun arbre ne s'est jamais plaint qu'il n'était pas ressemblant ! »

« Dis donc, Toto !
Tu triches !
- Oui, grand-père !
- Tu sais ce qui arrive, quand on triche ?
- Facile, pépé, on gagne ! »

Toto est en vacances avec des copains. Au petit matin, à la sortie de la tente du camping, Julien demande à Toto :
« Comment sais-tu que j'ai oublié de mettre mon slip, Toto ?
- C'est pas dur ! Tu as aussi oublié de mettre ton pantalon ! »

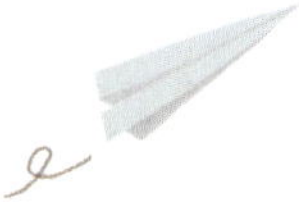

« Toto, comment as-tu pu dire à tata Raymonde qu'elle était bête ? Va vite lui dire que tu regrettes ! »
Toto va voir sa tante en pleurnichant :
« Désolé tata, je regrette que tu sois si bête ! »

Toto est en cours d'anglais.
La maîtresse demande :
« Comment dit-on à un Anglais de venir ici ?
- *Come here* !
- Bien Toto, maintenant comment tu lui dis d'aller là-bas ?
- Ben c'est simple, je vais là-bas et je lui dit : *come here* ! »

La maîtresse rend les problèmes de maths qui parlaient d'animaux blessés.
« Tout le monde a bien réussi, sauf Toto qui n'a indiqué que des chiffres !
Peut-on savoir pourquoi ?
– C'est le numéro de téléphone de mon père... Il est vétérinaire ! »

Toto demande à son père :
« Papa, est-ce que je pourrais avoir 2 euros, s'il te plaît ?
- C'est pour qui ? demande son père.
- C'est pour une vieille dame.
- Ah ! C'est très bien de vouloir aider les personnes âgées. Et où est-elle cette vieille dame ?
- Là-bas, au coin de la rue, elle vend des glaces ! »

Toute la famille visite le zoo avec tonton Jules.
« Oh, regardez le singe, crie soudain Toto, on dirait tonton Jules !
- Voyons Toto, tais-toi, gronde sa maman.
- Mais maman, aucune importance, un singe, ça ne peut pas comprendre ! »

« Toto, veux-tu arrêter de faire des grimaces ?
- Pourquoi, papa ?
- Parce que sinon quand tu seras grand, tu auras le visage déformé !
- Ça alors ! Pas croyable ! Tu as dû en faire un paquet, quand tu étais petit ! »

Toto demande à sa maman :
« Pourquoi tu as des cheveux blancs ?
- Parce que, à chaque fois que tu fais une bêtise, un de mes cheveux devient blanc !
- Oh la la, qu'est-ce que tu as dû en faire voir à mamie pour qu'elle en ait autant... »

Le père de Toto demande :
« Dis-moi Toto, il y avait deux parts de gâteaux dans le frigo, peux-tu m'expliquer pourquoi il n'en reste qu'une seule ?
- Ah, j'avais pas vu qu'il y en avait deux ! »

Toto parle avec une fille qu'il vient de rencontrer à la récréation :
« Il m'énerve le nouveau directeur, il est trop bête !
- Oh ! Attention à ce que tu dis... tu sais qui je suis ?
- Euh... non !
- Je suis la fille du directeur !
- Et moi tu sais qui je suis ?
- Euh... non !
- Tant mieux ! »

Toto va voir son père et lui demande :
« Dis papa, il avait quel âge le petit Robert quand il a écrit son dictionnaire ? »

La maîtresse demande à Toto :
« Toto, fais-moi une phrase avec un adjectif épithète.
- Aujourd'hui il fait beau, épithète demain il pleuvra. »

Toto va chez le boulanger :
« Bonjour, vous avez des tartes au concombre ?
- Non mon garçon !
- Ah, zut » fait Toto déçu. Puis il s'en va.
Le lendemain, Toto retourne à la boulangerie :
« Bonjour monsieur ! Vous avez des tartes au concombre ?
- Toujours pas ! répond le boulanger en se grattant la tête.
- Tant pis, merci quand même. »
Le boulanger se dit qu'il pourrait faire plaisir à Toto et que ça ne doit pas être si compliqué de faire ces tartes au concombre. Alors il passe toute la nuit à faire des tartes au concombre. Et le lendemain...
« Bonjour monsieur...
- Bonjour Toto ! Tu vas être content ! Je t'ai fait des tartes au concombre !
- Vous avez goûté ? C'est pas bon, hein ! »

« Tu sais Toto, la télévision ne pourra jamais remplacer un vrai journal, lui dit son père.
- Mais pourquoi, papa ?
- Tu as déjà essayé d'écraser un moustique avec une télé ? »

Toto est à la montagne, son papa lui demande :
« Sais-tu pourquoi les chalets sont en bois ?
- Parce qu'ils ont déjà utilisé toutes les pierres pour construire la montagne ! »

Toto rentre de l'école, et son père lui demande :
« Récite-moi tes tables de multiplication. »
Alors, Toto se met à chanter :
« La-la-la, la... la-la-la... la. La-la-la... la...
- Comment ça "la, la, la" ?
- En tout cas, c'est la musique parce que les paroles, je les ai oubliées ! »

Toto est aux toilettes. Il a laissé la porte ouverte. Sa maman lui dit :
« Mais Toto, pourquoi laisses-tu la porte ouverte ?
- J'ai peur que quelqu'un regarde par la serrure. »

Toto est à table avec ses parents.
« Maman ! Il...
- Chut Toto, on ne parle pas à table. »
À la fin du repas, la maman de Toto lui dit :
« Voilà, maintenant, tu peux parler.
- Trop tard, je voulais te dire qu'il y avait un asticot dans ta salade... »

À l'école, la maîtresse demande à Toto :
« Comment s'appelle l'arbre qui fait pousser les citrons ?
- Euh, le citronnier.
- Comment s'appelle l'arbre qui donne des bananes ?
- Euh, le bananier ?
- Bien, et sur quel arbre poussent les dattes ?
- Euh, je crois que c'est le calendrier ! » répond Toto.

Toto demande à sa maman :
« Est-ce que je peux avoir du chocolat ? »
Sa maman le regarde sévèrement :
« Qu'est-ce qu'on dit, Toto ? S'il... S'il... ?
- S'il en reste ? »

Toto se tourne vers son père et dit :
« Elle est super, papa !
- De quoi tu parles Toto ?
- Mamie, elle est vraiment gentille de m'avoir acheté cette voiture télécommandée !
- Elle t'aime beaucoup, Toto !
- Moi aussi je l'aime beaucoup, je l'aime tellement que plus tard je veux me marier avec elle !
- Tu es tombé sur la tête Toto, tu ne penses quand même pas te marier avec ma mère ?
- Et pourquoi pas ? Tu t'es bien marié avec la mienne ! »

Toto arrive tout content à l'école
et dit à sa maîtresse :
« Madame, mon petit frère est né hier !
- Ah ! Et comment s'appelle-t-il ?
- On ne sait pas, il ne parle pas encore ! »

La maîtresse demande à Toto :
« Quand je dis "j'étais belle", c'est à l'imparfait. Quand je dis : "je suis belle", qu'est-ce que c'est, Toto ?
- C'est un mensonge, madame ! »

Toto est en train de lire l'annuaire téléphonique.
« C'est quoi ton livre? lui demande son frère.
- Un roman.
- Il est bien?
- Oui, mais qu'est-ce qu'il y a comme personnages ! »

En classe :
« Toto, quelle est la différence entre le soleil et ton devoir de maths ?
- Je ne sais pas, maîtresse.
- Le soleil est un astre, et ton devoir de maths est un désastre ! »

La maîtresse a demandé à la classe de rendre les devoirs effectués à la maison, et passe dans les rangs pour les ramasser. Arrivée devant Toto, elle lui demande pourquoi il n'a rien à lui remettre.
« Ben, je ne l'ai pas fait, m'dame !
- Et pourquoi Toto ?
- Vous avez dit "devoir à la maison", mais j'habite en appartement, moi ! »

À l'école :
« Toto, conjugue-moi au présent la phrase "le voleur a été arrêté hier".
- Ben... il est en prison, m'dame ! »

Toto mange salement à table.
Son père, excédé, lui dit :
« Tu manges comme un goret, Toto.
- Comment ?
- Est-ce que tu sais ce que c'est, un goret, au moins ?
- Oui papa, c'est le fils du cochon ! »

« Maman, maman, est-ce qu'une olive noire ça a des pattes ?
- Bien sûr que non, Toto !
- Gloups, je crois que j'ai mangé un cafard alors ! »

Toto demande à son copain :
« Tu connais la différence entre un téléphone et un judoka ?
Il n'y en a pas, ils ont tous les deux une prise ! »

« Maman, maman, j'ai eu une bonne note, tu veux la voir ?
- Non, c'est bon Toto, je verrai ça plus tard.
- D'accord, mais il faut que tu signes ici.
- Je n'ai vraiment pas le temps, je le fais rapidement. »
Plus tard, le papa de Toto demande à sa femme comment était le carnet de notes de Toto.
« Oh, tu sais chéri, d'habitude, il refuse de nous parler de ses mauvaises notes. Là, comme il insistait en parlant de ses bons résultats, j'ai tout de suite signé ! »
Le lendemain un copain de Toto lui demande :
« Ils ont dû sacrément se fâcher tes parents, avec les notes que tu as ?
- Non ! Ma mère a signé mon bulletin sans rien regarder ! »

c'est Manu et Toto qui se promènent à vélo dans la forêt. Soudain, Manu crie à Toto :
« Toto, il y a ton garde-boue qui tape !
- Hein ?
- Il y a ton garde-boue qui tape !
- Hein ?
- Il y a ton garde-boue qui tape !
- Hein ?
- Il y a ton garde-boue qui tape, Toto !
- J'entends rien, il y a mon garde-boue qui tape ! »

Toto pose une devinette à son copain :
« Quel est le point commun entre une école et des toilettes ? Quand on en sort, on est soulagé ! »

Toto et son père se promènent en voiture. Le père de Toto demande :
« Tu as vu la forêt, là-bas ?
- Non, des arbres la cachent... »

Arthur demande à Toto :
« Tu es dans une voiture. Devant toi il y a un tracteur, derrière toi un autobus, à ta droite une voiture de pompiers, à ta gauche une fourgonnette de police, et au-dessus un hélicoptère. Que fais-tu ?
Toto répond :
- J'attrape le pompon pour gagner un nouveau tour de manège ! »

La maîtresse dit à la maman de Toto :
« Votre fils a copié sur son voisin !
- Ah bon, vous êtes sûre ?
- Certaine ! Lors d'un contrôle, son camarade a écrit "je ne sais pas" et Toto a noté "moi non plus" ! »

Toto se rend chez le médecin avec un cornichon enfoncé dans le nez, une carotte dans l'oreille gauche et une banane dans l'oreille droite. Il demande :
« Qu'est-ce qui ne va pas avec moi, docteur ?
- Je crois que tu ne manges pas proprement, Toto ! »

Toto dit à sa maman qu'il a une bonne et une mauvaise nouvelle à lui annoncer.
« Commence par la mauvaise, Toto.
- Je ne me souviens plus de la bonne. »

En classe :
« Toto, trouve-moi un mot de onze lettres dont aucune n'est répétée au moins deux fois ! lui demande la maîtresse.
- C'est introuvable !
- Bravo ! »

Toto vend le journal à la criée dans la rue :
« Édition spéciale : Un arnaqueur en ville, déjà 34 victimes ! »
Un passant arrive et lui achète un exemplaire du journal. Alors Toto reprend :
« Édition spéciale : Un arnaqueur en ville, déjà 35 victimes ! »

Intrigué de voir son père partir tous les matins de bonne heure, Toto l'interroge :
« Dis, papa, pourquoi tu pars si tôt ?
- Pour aller travailler, répond son père.
- Mais pourquoi vas-tu travailler ?
- Pour gagner ton pain, Toto.
- Alors, répond Toto, reste avec moi aujourd'hui, je pousserai ma purée avec mon doigt ! »

Toto entre dans une boulangerie :
« Je voudrais un kiprapok au chocolat, s'il vous plaît ! »
Alors le boulanger, étonné, lui répond :
« Un kiprapok à quoi ? »

Toto écrit une lettre à sa maman :
« Chère maman,
La colo se passe super bien, sauf que tu as oublié d'écrire mon nom sur mes vêtements. Du coup, tout le monde m'appelle "pur coton" ! »

Toto entre dans une animalerie avec sa maman pour acheter un perroquet. Le vendeur leur montre un spécimen très rare :
« Quand vous lui tirez la patte gauche, il chante en anglais. Et si vous lui tirez la patte droite, il chante en français !
- Et si je lui tire les deux en même temps ? demande Toto.
- Je me casse la figure ! » répond le perroquet.

Le père de Toto se fâche :
« Sache, Toto, que dans cette maison, c'est moi qui commande ! »
Puis il ajoute, inquiet :
« Surtout, pas de gaffe. Ne va pas répéter à ta maman que je t'ai dit cela... »

Toto dit au marchand de fruits et légumes :
« Je voudrais une douzaine de bananes.
- Tu les aimes tant que ça ?
- Non pas tellement, avoue Toto. Mais j'ai reçu en cadeau une panoplie de petit infirmier et, en jetant une douzaine de peaux de banane sur le trottoir, j'ai une chance de pouvoir l'inaugurer. »

Toto joue avec son chien lorsque tout à coup, celui-ci donne un gros coup de langue sur son visage.
« Oh, s'écrie la maman de Toto, j'espère qu'il ne t'a pas mordu !
- T'inquiète pas, m'man, il m'a juste goûté ! »

« Maman les chats miaulent quand on les chatouille ?
- Oui, Toto.
- Ah ! bien... Alors les chiens, eux, ils aboient quand on les chientouille ? »

« L'autre jour, raconte Toto, à la fête foraine, j'ai eu la curiosité d'entrer dans la roulotte de la voyante. Après avoir consulté sa boule de cristal, elle m'a conseillé de me méfier d'une femme brune qui allait me coûter de l'argent.
- Et sa prédiction s'est vérifiée ?
- Tout de suite... quand elle m'a réclamé quinze euros pour sa consultation ! »

« Toto, tu as changé l'eau du poisson ?
- Non, il n'avait pas tout bu encore ! »

Toto est chez le docteur :
« Quel est le problème, Toto ?
- Je me prends pour un poulet !
- Ah bon ! Et depuis quand penses-tu cela ?
- Depuis que je suis poussin ! »

C'est un touriste qui s'est perdu dans la montagne. Il arrive devant une toute petite cabane et frappe à la porte en criant :
« Y a quelqu'un ?
- Oui, lui répond Toto.
- Ton papa n'est pas là ?
- Non, il est sorti juste avant que maman rentre !
- Alors ta maman est là ?
- Nan ! Elle est sortie au moment où je suis entré !
- Mais alors vous n'êtes jamais ensemble, dans cette famille !
- Ah non ! répond Toto. Ici, c'est les toilettes ! »

Toto a de très mauvaises notes en calcul.
Son père lui demande :
« Si tu as six oranges et que tu en ajoutes une, ça fait combien d'oranges ?
– Je ne sais pas, à l'école on compte toujours avec des pommes ! »

« Toto ! Rentre tout de suite à la maison prendre ta douche ! » crie sa maman à son fils qui joue dans le jardin avec ses copains.
« D'accord maman ! répond Toto. Bon, les gars, j'en ai pour cinq minutes, je vais me laver. Après, je reviens jouer dans la boue avec vous ! »

La maîtresse s'adresse à tous les enfants :
« J'ai corrigé vos copies, et dans l'ensemble, elles sont bonnes. Mais dis-moi Toto... Est-ce que ton père t'a aidé pour ton devoir ?
- Non, m'dame !
- Tu en es sûr ?
- Oui, il l'a fait tout seul, j'en suis sûr ! »

Toto discute avec son copain Julien pendant la récré :
« Eh, Julien, tu connais la blague de l'amnésique ?
- Euh, non, raconte !
- Ah, mince, attends...
Je l'ai encore oubliée ! »

Toto rentre de l'école en pleurant :
« Maman, la maîtresse n'arrête pas de m'embêter ! »
Ni une ni deux, la mère va à l'école rencontrer la maîtresse. Celle-ci lui propose d'assister au cours.
La maîtresse pose à Toto une question :
« 3 + 2, ça fait combien ?
- Tu vois maman, elle recommence ! » s'écrie Toto.

Toto écrit à la fille qu'il aime :
« Le matin, je ne mange pas, car je pense à toi. À midi, je ne mange pas, car je pense à toi. Le soir, je ne mange pas, car je pense à toi. La nuit, je ne dors pas, car j'ai faim ! »

Toto entre dans la cuisine en pleurant. Sa mère lui demande ce qu'il a.
« C'est papa. En voulant accrocher un cadre, il s'est donné un coup de marteau sur le doigt.
- Il n'y a pas de quoi pleurer, Toto. Au contraire, tu aurais dû rire.
- C'est ce que j'ai fait... »

Au cours de l'année, pour mieux connaître ses élèves, la maîtresse leur pose des questions sur leur famille.
Arrive le tour de Toto :
« Que fait ton père ?
- Il est chercheur !
- Chercheur en quoi ?
- Il cherche du travail, m'dame ! »

Sur la plage, Toto et sa sœur vont voir un concours de ski nautique.
« Pourquoi le bateau va-t-il si vite ? demande la petite fille.
- Tu ne vois pas qu'il est poursuivi ? » répond Toto.

Toto se rend chez une diseuse de bonne aventure. Sur la porte est scotché un morceau de papier sur lequel est écrit :
« Partie déjeuner. Serai de retour à 14 heures.
PS : excusez le retard, mais un événement imprévu m'empêchera de revenir avant 15 h 15. »

Toto demande à son père :
« Dis papa, c'est où la Mauritanie ?
- Demande à ta mère, c'est elle qui range tout ! »

En classe, la maîtresse interroge les élèves pendant le cours de français.
« Combien y a-t-il de lettres dans l'alphabet ? »
Toto lève la main et répond :
« Il y a huit lettres, madame. »
La maîtresse s'étonne, et demande à Toto de réciter pour qu'ils comptent ensemble les lettres.
« Alors A, L, P, H, A, B, E, T... huit lettres, madame ! »

« Docteur, dit Toto, j'ai besoin de lunettes.
- Oui sans aucun doute.
Car ici, tu es à la banque ! »

La maman demande à Toto :
« Que fais-tu ?
- Rien !
- Et ton frère ?
- Il m'aide ! »

Toto passe un contrôle à l'oral :
« Quel est votre nom ? lui demande l'examinateur.
- Toto, m'sieur.
- Pourquoi souriez-vous ?
- Je suis trop content d'avoir répondu juste à la première question, m'sieur ! »

Un prêtre se rend chez Toto et lui dit :
« Je suis venu t'apporter la lumière. »
Alors Toto dit à sa mère :
« Maman, c'est l'électricien ! »

Toto dit à son camarade :
« J'aurais dû écouter ma mère avant de partir à l'école…
- Pourquoi ? Qu'est-ce qu'elle te disait ?
- Je ne sais pas.
Je n'écoutais pas ! »

Toto rentre chez lui. Alors que l'horloge sonne trois coups, il s'exclame :
« Oh, ça va ! Je sais qu'il est une heure, pas la peine de le répéter trois fois ! »

Toto cherche un petit boulot dans le quartier. Sa voisine lui demande s'il est un garçon responsable.
« Ah oui ! À la maison, à chaque fois qu'il y a un problème, c'est moi le responsable ! »

Toto demande à un copain :
« Tu connais le sport le plus fruité ?
- Non ?
- C'est la boxe : tu te prends une pêche et un marron en pleine poire, et tu tombes dans les pommes ! »

Toto est réveillé par sa maman qui s'inquiète :
« Il y a un chien errant qui est entré dans la cuisine !
- Un chien ? Et qu'est-ce qu'il fait ? répond Toto.
- Il mange le gâteau que papa avait préparé !
- Ah... Il vaut mieux appeler le vétérinaire que la fourrière, alors ! »

« Maman, demande Toto, on a calculé que j'avais un quotient intellectuel de 52, et je ne comprends vraiment pas pourquoi.
- 52 de Q.I. ? C'est normal que tu ne comprennes pas ! »

« Docteur, se confie Toto à la visite, j'ai mangé des huîtres pour la première fois, et depuis, j'ai sacrément mal au ventre !
- Ah, c'est embêtant, Toto, répond le docteur. Ça doit venir d'une huître pas fraîche... Tu n'as pas senti une odeur, quand elles étaient ouvertes ?
- Ah bon, il fallait les ouvrir ? »

La maîtresse demande à la classe :
« Par quelle lettre commence "hier" ? »
Toto répond :
« Par un D, m'dame.
- Tu es sûr que "hier" commence par un D ?
- Ben oui... hier on était dimanche ! »

Toto discute dans la cour de récré avec sa copine Justine.
« Dis-moi, Toto, peux-tu me donner l'heure ? »
Là, Toto se lève, regarde très sérieusement le ciel et la position du soleil, et répond :
« Il est midi vingt.
- Oh ! Tu n'as donc pas de montre ?
- Ah non, j'ai horreur de ça. D'ailleurs, il n'y en a aucune chez moi. Si je veux savoir l'heure, je regarde le ciel et le soleil.
- Ah d'accord, fait Justine, admirative. Mais disons que tu te lèves en pleine nuit, comment fais-tu pour connaître l'heure ?
- Héhé, pour ça, j'ai mon clairon ! s'exclame Toto.
- Hein ?
- Ben oui, mon clairon ! Si je veux connaître l'heure pendant la nuit, je joue du clairon !
- Mais... Je ne comprends rien, Toto !
- Justine, c'est facile pourtant. Je me lève, je prends mon clairon, j'ouvre la fenêtre et je souffle très fort dans mon instrument. Et là, il y a toujours un voisin énervé qui ouvre ses volets et qui crie : "C'est qui l'andouille qui joue du clairon à trois heures du matin ?" »

La maman de Toto a rendez-vous avec la maîtresse :
« Mais enfin, pourquoi Toto a-t-il toujours des zéros ?
- Mais madame, parce qu'il n'y a pas de note en-dessous ! »

« Est-ce que tu as su faire ton devoir de maths ? demande Toto à David.
- Non, j'ai rendu feuille blanche.
- Moi aussi.
- C'est malin, la maîtresse va croire qu'on a copié, et on aura zéro ! »

Le grand-père de Toto lui demande :
« Quel est le passé composé de "je bâille", Toto ?
- J'ai bâillé, dit Toto.
- Bien, et le futur ?
- Je dors. »

Dans le cahier de calcul de Toto, il n'y a que des pages blanches.
« Mais enfin, Toto, lui demande la maîtresse, pourquoi n'as-tu copié aucune opération ?
- Oh moi, m'dame, je fais du calcul mental ! »

Toto arrivant tout le temps en retard à l'école avec son copain Arthur, la maîtresse leur fait remarquer et leur demande :
« Pourquoi arrivez-vous tous les jours en retard ?
- C'est à cause du panneau près de l'école, répond Toto.
- Mais de quel panneau parles-tu ?
- Bah… Celui où il est marqué RALENTIR ÉCOLE… »

La maîtresse fait un cours sur la ponctuation. Tandis qu'elle parle des virgules et des points, Toto rêvasse.
« Toto, que met-on au bout d'une ligne ? lui demande la maîtresse.
- Un asticot, madame ! »

Comme Toto n'aime pas se laver, sa mère le met de force sous la douche.
Un jour, à l'école, la maîtresse s'exclame :
« Comme tu as grandi, Toto !
- Forcément, on m'arrose tous les jours ! »

Toto est au musée avec son père.
Devant une statue sans bras, le père explique à son fils :
« Tu vois ce qui arrive, Toto, quand on se ronge les ongles. »

« Toto, est-ce que tu travailles bien à l'école? lui demande sa grand-mère.
- Oh oui !
- Alors, combien font deux et deux ?
- Quatre !
- Très bien, voilà quatre bonbons !
- Je me suis trompé, grand-mère...
En fait, ça fait huit ! »

En classe, la maîtresse demande à Toto combien font 8 x 9.
Toto lui répond :
« Ah non... Si vous ne savez pas, faut pas compter sur moi pour vous donner la réponse ! »

La maîtresse demande à Toto :
« À quel temps est conjuguée la phrase "je fais mes maths" ?
- Au temps perdu madame ! »

Toto rentre de l'école.
Sa maman lui demande :
« Ça s'est bien passé, l'école ?
- Très bien ! J'étais le seul à connaître la réponse à la question de la maîtresse ! Tous les copains ne savaient pas répondre !
- Ah oui, et quelle était la question ?
- QUEL IMBÉCILE A MIS UNE PUNAISE SUR MA CHAISE ? »

« Papa, qu'est-ce qui sucre le café, demande Toto, le sucre ou la cuillère ? »
Le père réfléchit un instant :
« C'est la cuillère !
- Mais alors, le sucre, ça sert à quoi ?
- À savoir si on a assez remué ! »

Toto assiste pour la première fois à un mariage.
« Qui c'est, la dame en blanc ? demande-t-il à sa maman.
- La mariée.
- Pourquoi est-elle tout en blanc ?
- Parce qu'elle est heureuse, et que le blanc est la couleur du bonheur.
- Alors, pourquoi le marié est en noir ? »

« Paul, dit Toto, est-ce que tu connais la différence entre un marteau, un manteau et une semaine ?
- Ben... Non !
- C'est facile : le marteau a un manche, le manteau a deux manches et la semaine di(x)... manche(s) ! »

Toto fait de la luge en compagnie de sa sœur.
Sa maman lui crie par-dessus son magazine :
« N'oublie pas de prêter ta luge à ta sœur, hein Toto !
- Oui m'man, je prends la luge pour descendre et elle, pour remonter... »

La maîtresse demande à Toto :
« Quand je dis "il pleuvait", de quel temps s'agit-il ?
- D'un sale temps, madame ! »

« Dis, Arthur, tu sais pourquoi les éléphants ont une mauvaise vue ? demande Toto.
- Non.
- C'est parce qu'ils ont des défenses d'ivoire ! »

« Qui est-ce qui ramasse des pêches et des marrons ? demande Toto à son frère.
- Le jardinier !
- Non, le boxeur ! »

Quand Toto est né, c'était un bébé tout à fait normal, qui grandissait très bien. À un an, il n'avait pas encore dit un seul mot, c'est normal pour cet âge. À deux ans, toujours aucun son, mais ses parents pensaient que ça n'allait plus tarder. À trois ans, toujours silencieux, ses parents s'inquiétèrent et l'emmenèrent chez le pédiatre, qui ne trouvait rien d'anormal et rassura les parents. Il fallait un peu de temps !

À quatre ans, Toto ne disait toujours rien. Ni à cinq ans.

À six ans, Toto devait entrer à l'école primaire, mais il ne parlait toujours pas... Un soir, installé à table pour le dîner, au moment d'entamer sa soupe, il se tourne vers sa mère et dit :

« La soupe est froide. »

La maman de Toto n'en revient pas. Elle est folle de joie et lui demande aussitôt :

« Toto ! Mais tu peux parler ?! Pourquoi n'as-tu rien dit pendant toutes ces années ?
- Ben... Parce que jusqu'à maintenant, tout était parfait. »

Toto est à la boulangerie.
« Bonjour, monsieur, je voudrais un 500 feuilles.
- C'est quoi un 500 feuilles ?
- Ben, c'est la moitié d'un mille-feuille. Je n'ai pas assez d'argent pour en acheter un entier. »

Toto est à l'école. La maîtresse lui demande :
« Si je dis "je suis belle", de quel temps s'agit-il ? »
Toto répond :
« Du passé, madame ! »

La maîtresse fait une leçon de calcul.
« Deux euros plus deux euros, ça fait combien ? » demande-t-elle.
Toto lève le doigt :
« Deux éclairs au chocolat, m'dame ! »

Voyant sa maman piquer un rôti et glisser de l'ail dans les trous qu'elle vient de faire, Toto s'exclame :
« Bah ! Maman ! Le rôti est malade ?
- Mais non, Toto, voyons ! Pourquoi cette question ?
- Tu lui mets des suppositoires ! »

Toto doit aller voir une amie à l'hôpital. Dans la rue, il croise un vieux monsieur et lui demande :
« Hé pépé, quel est le chemin le plus rapide pour aller à l'hôpital ? »
Le vieux monsieur répond :
« C'est de m'appeler encore pépé, garnement ! »

Toto va chez le médecin et lui dit :
« Docteur (prout), chaque fois (prout) que je parle (prout) je pète (prout). »
Le docteur quitte la salle de consultation et va dans la pièce d'à côté, d'où il revient avec une longue tige métallique. Toto lui demande :
« Docteur (prout), est-ce (prout) que (prout) ça va me guérir (prout) ?
- Non, non, c'est juste pour ouvrir le vasistas. »

Dans le train, Toto est interpelé par le contrôleur.
« Dites donc, jeune homme, vous avez un ticket de deuxième classe ! Vous savez où vous êtes, là ?
- En première classe ?
- Oui, et je peux savoir pourquoi ?
- Parce qu'on y est bien mieux assis ! »

Sur le chemin de l'école, Toto rencontre un copain :
« Je vais avoir un zéro en maths !
- Tu en es sûr ?
- Aussi sûr que 2 et 2 font 5 ! »

Toto dit à son copain :
« Au fond, je suis comme la confiture, je suis au coin... »

Toto arrive chez le pharmacien et lui dit :
« Je voudrais un truc qui fasse pousser les cheveux !
- Tiens, prends ça, mon garçon, il n'y a rien de mieux...
- Vous êtes sûr ?
- Tu vois le monsieur qui est à la caisse, avec une moustache ?
- Oui !
- Eh bien, c'est ma femme ! Ça lui est arrivé en débouchant un flacon de ce produit avec les dents. »

Le papa de Toto se plaint auprès de sa femme :
« Je n'en peux plus : en ce moment, je travaille comme un âne, je mange comme un cochon, et je dors comme un loir... Je devrais aller chez le médecin, non ?
- Euh, tu sais, papa, tu devrais plutôt aller voir un vétérinaire ! » répond Toto en passant.

En classe, la maîtresse demande aux élèves d'ouvrir le dictionnaire et de prendre un mot au hasard avec lequel ils doivent inventer une phrase. Toto tombe sur le mot "hameçon".
« Nous t'écoutons, Toto !
- Eh bien, l'autre jour je suis allé chez le marchand de chaussures, maman m'a acheté des baskets, mais hameçon trop petites ! »

« Quand une ligne n'est pas droite, comment est-elle? demande la maîtresse.
- Elle est gauche ! » répond Toto.

« Maman, je peux avoir du chocolat s'il te plaît ? demande Toto.
- Mais, je viens de t'en donner un gros morceau !
- Oui, mais j'en voulais un petit ! »

« Toto, sais-tu où est passée la passoire ?
- Bah, oui maman, je l'ai jetée, elle était pleine de trous. »

Toto est à la piscine, le maître-nageur lui demande :
« Dis donc, où as-tu appris à nager ?
- Heu... dans l'eau... »

Une mère, particulièrement fière de son fils, énumère à la maman de Toto ses exploits.
« Il a prononcé son premier mot à six mois. Il marchait à dix mois. Il a été propre à un an. Toto était aussi avancé ?
- Oh ! À six ans, il ne parlait pas beaucoup, mais quand il avait vraiment quelque chose à nous dire, il n'hésitait pas à nous envoyer un mail. »

Indignée, la maîtresse dit à Toto :
« Toto, ton contrôle d'histoire est dégoûtant !
- Mais, madame, je n'ai écrit que des noms propres... »

La maîtresse a puni Toto qui n'a pas l'air de s'en émouvoir :
« De toute façon, quand je serai grand, je serai architecte et ferai construire des écoles rondes !
- Ah bon ! Et pourquoi cela ?
- Comme ça, vous ne pourrez plus mettre les enfants au coin ! »

« Toto est absolument fou de télévision, raconte la maman de Toto à une amie.
- Cela doit vous empêcher d'avoir des conversations...
- Pas du tout. Nous sommes convenus d'un code.
Quand je lui parle pendant qu'il regarde ses dessins animés, s'il pousse un grognement ça veut dire oui, et deux grognements, c'est non. »

Un monsieur regarde, tout attendri, Toto qui joue avec son chien.
« Comment s'appelle ton chien ? lui demande-t-il.
- Ouah Ouah.
- Tiens ? Drôle de nom !
- Ce n'est pas moi qui l'ai choisi, c'est lui qui me l'a soufflé. »

« Quelle planète se trouve juste après Mars ? demande la maîtresse à Toto.
- Euh... Avril ! »

Dans la classe, un inspecteur est arrivé. La maîtresse tente de lui montrer comment ses élèves apprennent bien l'anglais. Elle va donc écrire une phrase au tableau et demande qu'on la traduise. Immédiatement, Toto lève le bras et dit :
« Ah ! La belle femme que voilà !
- Mais non, dit la maîtresse. Où as-tu été chercher ça ?»
Furieux, Toto se rassied et murmure à l'inspecteur :
« Quand on ne sait pas, on ne souffle pas ! »

Toto est triste, son chien Médor s'est perdu. Ses parents font tout pour le consoler. Soudain, le père a une idée :
« Écoute, Toto, on ira poser des affichettes un peu partout dans le quartier, avec sa photo, notre adresse et notre numéro de téléphone, d'accord ?
– Mais papa, tu es bête ou quoi ? Médor ne sait pas lire ! »

« Quel est le premier animal apparu sur Terre ? » interroge la maîtresse.
Toto répond :
« Le mouton, parce qu'il est lainé ! »

« Tu sais Toto, si tu es sage, tu iras au Paradis, mais si tu continues tes bêtises, tu iras en Enfer !
- Ah ! Et pour aller au parc d'attractions, je dois faire quoi ? »

« Toto ! Le perroquet a disparu ! Tu n'as rien remarqué d'anormal en mon absence ?
- Non rien, maman ! À part le chat qui s'est mis à parler. »

« Que fait le chat ? interroge la maîtresse.
- Il miaule, répond Toto.
- Et le mouton ?
- Il bêle.
- Et le loup ?
- Il le mange ! »

Le papa de Toto dit à son fils :
« Franchement, tu as une sale écriture, tu devrais faire un effort pour écrire plus lisiblement.
- Pas question, répond Toto. Je l'ai fait une fois et la maîtresse m'a dit que je faisais trop de fautes d'orthographe ! »

« Docteur, dit Toto, je me prends pour l'homme invisible.
- Qui parle ? »

En plein cours à l'école :
« Toto ! On ne joue pas en travaillant !
- Mais madame, je ne travaille pas ! »

Toto et son père se promènent sur le port de Saint-Tropez. Toto dit :
« Papa, papa, regarde le bateau !
- Non, Toto, à ton âge, tu devrais savoir que c'est un yacht.
- Ah, et comment ça s'écrit ?
- Tu as raison, c'est un bateau... »

« Toto, peux-tu me dire
ce qui s'est passé d'important
en 1769 ?
- Napoléon est né, madame.
- Très bien, Toto. Et en 1772 ?
- Napoléon a eu trois ans ! »

« Ce matin, à l'école, j'ai li, dit Toto.
- On dit "j'ai lu", corrige sa maman. Et qu'as-tu fait d'autre ?
- J'ai écru. »

Toto va à l'école pour la première fois.
Le soir, sa maman lui demande :
« Alors, ça t'a plu ?
- Oui, mais la maîtresse est nulle, elle ne sait rien. Il faut lui donner les réponses à chaque fois ! »

Le soir, Toto rentre de l'école et dit à son père :
« J'ai eu un 20 !
- En quelle matière ?
- 3 en histoire, 8 en français et 9 en maths. »

« Docteur, dit Toto,
je crois que je perds
la mémoire…
- Ah bon ? Et depuis quand ?
- Depuis quand quoi ? »

Toto a reçu en cadeau d'anniversaire un téléphone-jouet que sa maman utilise, le soir, pour lui dire :
« Allô Toto, il est l'heure d'aller te coucher.
- Je regrette, madame, répond Toto, mais vous avez fait un mauvais numéro. »

Un sympathique mendiant vient sonner à la porte de chez Toto. C'est Toto qui ouvre. Le mendiant demande : « Dis, gamin, je suis déjà passé tout à l'heure et ta maman m'a donné un peu de sa tarte ! Tu n'aurais pas autre chose ?
- J'ai ce qu'il vous faut, monsieur ! » s'exclame Toto. Et il revient avec un médicament contre les brûlures d'estomac.

Julien lance d'un air malicieux à Toto :
« Eh, Toto, tu sais comment on appelle un chien qui n'a pas de pattes ?
- Euh non ?
- On ne l'appelle pas, on va le chercher ! »

Toto tend un dessin à la maîtresse :
« Tenez, madame, je l'ai fait pour vous !
- Merci, Toto, c'est gentil, mais euh… qu'est-ce que ça représente ?
- Ce sont des martiens, bien sûr !
- Des martiens ? répond la maîtresse en souriant. Mais Toto, personne ne sait à quoi ils ressemblent !
- Eh bien maintenant, on le saura… »

Toto joue dans un champ lorsque, tout à coup, descend d'un nuage une montgolfière. À l'intérieur, un homme, l'air complètement perdu et paniqué, aperçoit Toto. Il met ses mains en porte-voix et lui crie :
« Ohé, mon garçon ! Peux-tu me dire où je suis ?
- Vous êtes dans un ballon, monsieur ! » crie Toto.

C'est la fête de fin d'année à l'école. Il y a de la musique pour danser. Toto et Julien aimeraient bien faire les jolis cœurs avec les filles.
« Regarde Toto, j'ai un truc épatant qui marche à tous les coups avec les filles ! » dit Julien en marchant vers la petite Justine.
« Eh, Justine, dis un chiffre entre un et dix ! lui demande Julien.
- Euh... cinq, répond Justine.
- Bravo ! Tu as gagné une danse avec moi ! »
Toto est épaté. Il décide de faire pareil, et s'approche de la jolie Marion :
« Eh, Marion, dis un chiffre entre un et dix !
- Euh... sept.
- Ah mince... T'as perdu ! »

« Maman j'ai faim ! dit Toto. Qu'est-ce que tu as mis à cuire dans la poêle ?
- C'est du poisson pané, Toto.
- Oh zut ! S'il n'est pas né, on n'est pas prêts de manger ! »

« Toto chéri, m'aimes-tu ? demande Marie tendrement.
- Bien sûr, tu es mon amoureuse !
- Alors, dis-moi quelque chose de tendre et bon à l'oreille.
- Tarte au citron meringuée ! »

Il est minuit. Tout dort dans la maison.
La mère de Toto est réveillée par un craquement.
Elle se lève et voit Toto qui descend les escaliers, les bras tendus. Elle hausse les épaules et lui lance :
« Ce n'est pas la peine de faire semblant d'être somnambule, j'ai fini le gâteau au chocolat hier soir ! »

« Tu ne veux pas t'asseoir, pépé ?
- Non, je te remercie Toto, je descends au prochain arrêt.
- Assieds-toi quand même pépé... On n'est pas dans le bus, mais dans le parc ! »

Toto demande à un copain :
« Tu connais la différence entre un éléphant, une puce et la famille ?
- Euh, non.
- Une puce peut sauter sur un éléphant sans problème, mais l'inverse l'écraserait !
- Et la famille, dans tout ça ?
- Elle va bien, merci ! »

La maîtresse demande à Toto :
« Pourquoi Charlemagne a-t-il inventé l'école ?
- Parce qu'il ne risquait plus rien. Il était trop vieux pour y aller ! »

« Toto, combien font quatre et quatre ?
- Neuf.
- Tiens, moi, on m'a toujours dit que quatre et quatre, ça faisait huit.
- Que voulez-vous, tout augmente ! »

La maîtresse interroge un élève :
« Et l'eau, elle bout à combien ?
- À quatre-vingt dix degrés ! »
Alors, Toto lance du fond de la classe :
« C'est pas vrai ! C'est l'angle droit qui bout à quatre-vingt dix degrés ! »

Toto est au cinéma où l'on a installé un écran 3D révolutionnaire. Pendant le film, Toto s'agite et finit par se pencher vers le fauteuil devant lui et dit :
« Pardon, m'sieur, mais votre chapeau me gêne... vous pourriez l'enlever ? »
Et une voix lui répond :
« C'est impossible, mon garçon... Je suis dans le film ! »

Toto entre avec son chien chez un horloger.
« Bonjour monsieur, vous pourriez examiner mon chien ?
- Mais, je ne suis pas vétérinaire, je suis horloger, sourit le commerçant.
- Justement, vous trouvez normal que mon chien s'arrête toutes les cinq minutes pour renifler ? »

Toto entend son cousin raconter ses dernières aventures à un copain :
« J'ai emmené une fille sur mon vélo et quand on est arrivés au bord de la rivière, je lui ai demandé de m'embrasser. Figure-toi qu'elle a dit non, alors je suis remonté sur mon vélo et je suis parti en lui disant de rentrer à pied ! »
Toto admire son cousin et, quand il peut, il imite tout ce qu'il fait. Alors, le lendemain, il prend son vélo et emmène sa copine Justine au bord de la rivière...
« Tu veux m'embrasser ? demande Toto.
- Oui ! répond tout de suite Justine. »
Alors, Toto réfléchit et lui dit :
« Euh, ouais, alors tiens, c'est toi qui prends mon vélo et c'est moi qui rentre à pied ! »

« Je ne comprends pas, dit la maîtresse à Toto.
Tu avais de si bonnes notes en calcul, au début de l'année !
- Oui, m'dame, mais maintenant mon père n'arrive plus à suivre ! »

Toto a du mal avec la langue française...
La maîtresse lui demande :
« Toto, à qui est ce stylo ?
- C'est mon mien !
- Mais non Toto : "c'est le mien".
- Non madame, c'est mon mien !
- Voyons, "c'est le mien".
- Bon d'accord, je vous le donne. »

Toto est à la campagne et ses parents l'ont chargé d'arracher les mauvaises herbes dans le jardin. Il tire comme il peut sur toutes les herbes qu'il trouve et, de temps en temps, il bascule en arrière.
« Dis donc, fiston, t'es sacrément fortiche ! lance son père.
- Tu parles, papa ! Surtout que le monde entier tire de l'autre côté... »

« Docteur, ça ne va pas du tout, dit Toto.
Quand que je bois mon chocolat chaud, j'ai mal à l'œil.
- Lequel ?
- L'œil droit.
- As-tu pensé à retirer la petite cuillère du bol ? »

C'est l'été, Toto a choisi une belle pêche sur un plateau de fruits et s'apprête à mordre dedans.
« Toto, tu ne dois pas manger une pêche sans la peler, lui dit sa maman.
- Pêche ! Pêche ! Viens vite ! » crie Toto.

C'est Toto à l'école.
Sa maîtresse lui demande :
« Toto, quelle est la cinquième lettre de l'alphabet ?
- Euh...
- Très bien, Toto. »

Au restaurant, Toto commande un hachis Parmentier.
« Ah ! Tu n'as pas de chance, lui dit le serveur.
- Vous n'en avez plus ?, demande Toto.
- Si, si, justement ! »

La maman de Toto est en colère :
« Tu exagères, Toto, chaque fois que tu partages un gâteau avec ta petite sœur, tu gardes le plus gros morceau.
- Mais c'est elle-même qui choisit !
- Comment ça ?
- Mais oui ! Je lui demande toujours : "que préfères-tu, le plus petit morceau ou rien du tout ?" »

La maîtresse demande à Toto :
« Qui a cassé le vase de Soissons ?
- C'est pas moi, m'dame ! »

Toto est en train de pêcher à la ligne dans une bouche d'égout grande ouverte.
Un piéton s'approche alors :
« Ça mord ?
- Pour sûr, vous êtes le troisième depuis ce matin... »

La mère de Toto demande à son fils :
« Pourquoi as-tu mis le journal au frigo ?
- C'est pour avoir des nouvelles plus fraîches ! »

« Je me demande si ma mère n'est pas un peu distraite, confie Toto à son copain. Le soir, quand je suis bien réveillé, elle me met au lit, et le matin quand je dors bien, elle me réveille ! »

Toto observe un pêcheur. Au bout d'un moment, ce dernier se retourne et lui dit :
« Tu veux quelque chose ?
- Non, non, répond Toto, c'est simplement que vous me faites penser à ma mère.
- Comment ça ?
- Elle aussi est sans arrêt en train de surveiller sa ligne. »

« Allô, dit Toto.
- Bonjour mon garçon, j'aimerais parler à ton papa.
- Ce n'est pas possible, il n'est pas là.
- Alors passe-moi ta maman.
- Elle n'est pas là non plus, il n'y a que mon frère, répond Toto.
- Alors passe-moi ton frère. »
Après une minute de silence, Toto dit :
« Allô ! Désolé, Monsieur, je n'arrive pas à le faire sortir de son berceau ! »

Toto est au restaurant en famille. Le garçon s'approche pour servir Toto et lui demande :
« Je te sers en riz ?
- Oh non, pas Henri, moi c'est Toto, m'sieur ! »

Au restaurant, le serveur demande à Toto :
« Alors mon garçon, ton steak haché, tu l'as trouvé comment ?
- Tout à fait par hasard, en soulevant une frite ! »

« J'ai battu un record, s'exclame Toto !
- Ah bon, lequel ? demande sa mère.
- J'ai réussi à faire en 15 jours un puzzle sur lequel il y avait écrit "de 3 à 5 ans". »

C'est l'anniversaire de la grand-mère de Toto, et ce jour-là, Toto et ses parents sont invités.
Toto donne son cadeau à sa grand-mère.
Elle le prend, l'ouvre et dit :
« Oooh, je ne trouve pas les mots tellement je suis heureuse !
Un ramasse-miettes électrique, merci beaucoup.
Toto lui répond :
- Alors à ton prochain anniversaire, t'auras un dictionnaire, comme ça tu pourras trouver les mots. »

Toto rentre chez lui. Il a mouillé le fond de sa culotte. Sa maman s'écrie :
« Mais c'est une catastrophe !
– Non maman, c'est une pipistrophe ! »

« Sais-tu ce que les avaleurs de sabres mangent au petit déjeuner ? demande Toto à Arthur.
- Non ?
- Des canifs ! »

À l'opéra :
« Papa, demande Toto, c'est qui le monsieur qui fait peur à la dame en faisant de grands gestes ?
- Il ne veut pas lui faire peur, c'est le chef d'orchestre.
- Alors pourquoi la dame, elle crie ? »

Toto décide de servir le repas lui-même. Il apporte alors un steak à mains nues. Son papa s'écrie :
« Toto ! C'est dégoûtant ! On n'apporte pas la nourriture dans ses mains ! Tu sais, l'hygiène, c'est important ! Il faut y faire attention !
- Oh... Je sais bien papa, j'y fais attention ! Et comme ça, je suis sûr et certain qu'il ne tombera pas une seconde fois ! »

« Toto, interroge la maîtresse, peux-tu me dire ce qu'est une autobiographie ?
- C'est une histoire de voiture ! »

« Maman, maman, à l'école j'ai eu un œuf ! crie Toto.
- C'est très bien mon chéri, en quelle matière ?
- En chocolat ! »

Dans un coin sombre, deux amoureux s'embrassent.
Toto et son copain Julien les regardent. Toto dit à l'autre :
« Vise un peu, il essaie de lui piquer son chewing-gum ! »

Toto va voir sa mère après le dîner :
« Allons, maman, ne fais pas la vaisselle ! C'est ton anniversaire après tout !
- Oh, mon Toto, tu es trop mignon, toi !
- C'est normal, maman ! Et puis, ça peut attendre demain ! »

« Maman, dit Toto, papa a dit que nous descendions tous du singe. C'est vrai ?
– Je n'en sais rien, ton père a toujours refusé de me parler de sa famille. »

Toto revient du tennis. Sa mère lui demande :
« Alors, ce cours de tennis s'est bien passé ?
- Non ! Je me suis fait racketter ! »

Au cinéma, Toto chuchote à son père :
« Regarde, mon voisin s'est endormi !
- Bon d'accord, répond son papa, mais ça n'est pas une raison pour me réveiller ! »

Toto va consulter le docteur :
« Docteur, vous voyez, quand je touche ici, ça me fait mal, dit Toto en touchant son cou. Quand je touche ici, ça fait mal, dit-il en touchant son bras. Quand je touche ici, ça me fait mal, continue Toto en touchant son ventre. Quand je touche ici, ça me fait mal. » finit-il en se touchant le genou.
Le docteur lui touche alors le nez et lui demande :
« Et ici ?
- Non, je ne sens rien !
- Allons faire une radio ! Tu as sûrement une fracture de l'index ! »

C'est Toto qui s'amuse sur un pont.
« Papa, papa, dit-il, quand on sait où se trouvent les choses, c'est qu'elles ne sont pas perdues ?
- Bien sûr que non.
- Tant mieux, parce que je viens de laisser tomber ta montre dans la rivière ! »

La grand-mère de Toto fronce les sourcils en le voyant se servir une énorme part de gâteau sans demander.
« Tu n'as pas de langue, Toto ? demande-t-elle sévèrement.
- Si mamie, répond Toto, mais j'attrape plus facilement le gâteau avec ma main ! »

« Arthur, est-ce que tu sais pourquoi un marin ne peut plus écrire quand il est rentré au port ? demande Toto.
- Non.
- Parce qu'il a jeté l'ancre. »

« Mamie, mamie, est-ce que je peux jouer du piano ? demande Toto.
- Oui, mais lave-toi d'abord les mains.
- Pas la peine, je n'appuierai que sur les touches noires ! »

En classe, la maîtresse raconte l'histoire des *Trois petits cochons*. Elle commence l'histoire avec le premier cochon :
« Un petit cochon, qui voulait construire sa maison, voit passer un homme avec une carriole pleine de ballots de paille. Le cochon lui demande s'il peut lui acheter sa cargaison... »
Puis la maîtresse demande à ses élèves s'ils connaissent la réponse de l'homme et la suite de l'histoire.
« Moi, moi ! dit Toto. Je sais ce qu'a dit l'homme ! Il a crié : "OH MON DIEU, UN COCHON QUI PARLE !" et il est parti en courant, fin de l'histoire. »

Toto achète des places de cinéma avec un copain.
« C'est pour *Roméo et Juliette* ? demande le caissier.
- Non, non, c'est pour Julien et moi ! »

Toto se promène en forêt. Il est suivi depuis deux heures par un écureuil. Excédé, il se retourne et demande :
« Mais enfin, pourquoi tu me suis comme ça ?
- Parce que tu as les yeux noisette ! »

Toto rentre de l'école avec son bulletin de notes, et va voir son père :
« Papa, c'est vrai que tes lunettes grossissent tout ? lui demande-t-il.
- Bien sûr, pourquoi ?
- Alors mets-les avant de regarder mon bulletin de notes ! »

Mamie dit à Toto :
« Puisque c'est ton anniversaire, je vais te faire un gâteau avec dix bougies.
- Tu sais, mamie, ce que je préférerais, c'est que tu me fasses dix gâteaux avec une bougie ! »

Toto entre dans une charcuterie et dit :
« Je voudrais du jambon, s'il vous plaît.
- Combien de tranches ?
- Allez-y, je vous arrêterai... »
Pendant cinq bonnes minutes,
la charcutière tourne
sans interruption la manivelle.
À la soixantième tranche,
Toto dit :
« Stop ! C'est celle-là que je veux ! »

La maîtresse demande à Toto :
« Qu'as-tu fait pendant les vacances ?
- Pas grand-chose. En tout cas, sûrement pas de quoi faire une rédaction. »

Toto va avoir une petite sœur. Ses parents lui cherchent un prénom :
« Comment va-t-on l'appeler, Toto ?
- Poildesouris !
- Toto ! On ne peut pas l'appeler Poildesouris !
- Ben, notre cousine s'appelle bien Barbara ! »

Toto demande à sa mère,
en lui montrant la balance :
« Est-ce que cette machine
a un rapport avec la religion ?
- Pourquoi cette question ?
- Parce qu'à chaque fois que ma sœur
monte dessus, elle crie "Mon Dieu !
Mon Dieu" ! »

« Va te laver les dents,
ordonne la mère de Toto.
Elles sont sales.
- Mais je ne mange que
des choses propres ! »

Toto doit faire une course chez le pharmacien.
« Bonjour monsieur ! Je voudrais de l'acide
acétylsalicylique, s'il vous plaît !
- Tu veux dire de l'aspirine ?
- Ha ! Oui, c'est cela... je ne me souvenais plus
du nom. »

La maîtresse demande à un élève :
« Qu'est ce qu'il fait comme métier ton papa ?
- Il est guitareur, répond le garçon.
- Ah non, on dit "guitariste", mon petit. Et toi, que fait ton papa ?
- Labouriste, m'dame.
- Mais non, voyons, on dit "laboureur" ! Et toi Toto, connais-tu le métier de ton papa ?
- Avec tout ça, je ne sais plus s'il est mineur ou ministre. »

« Papa, cette nuit, j'ai rêvé que tu me donnais un billet de 10 euros !
- Eh bien, Toto, comme tu as été sage, tu peux le garder ! »

Toto est à la cafétéria avec un copain. Il lui demande :
« Tu prends quoi ?
- Un soda.
- Moi aussi. Madame, deux sodaux, s'il vous plaît ! »

Un agent de police croise Toto :
« Bonjour Toto, ton père et toi avez-vous ramené au zoo le pingouin que vous aviez trouvé dans la rue ?
- Oui, il a bien aimé, mais aujourd'hui, on l'emmène au cinéma... »

Toto et Julien se retrouvent.
Toto est en colère après son copain :
« Tu m'avais donné ta parole, et tu ne l'as pas tenue !
- Je ne pouvais pas la tenir, puisque je te l'avais donnée ! »

Toto est malade, il est allé voir le docteur :
« Docteur, je vais être franc. Avant de vous consulter, je suis allé voir un guérisseur...
- Ah, bon ! Et quelle idiotie a bien pu te raconter ce charlatan ?
- Heu... Il m'a conseillé de venir vous voir... »

La maîtresse explique les pluriels à la classe.
Elle choisit évidemment d'interroger Toto :
« On dit "un arbre" quand il n'y en a qu'un.
Et quand il y en a plusieurs, que dit-on ?
- On dit "une forêt", m'dame ! »

Toto demande à un copain :
« Comment tu sais que tu es atteint de la maladie de la vache folle ?
- Quand tu commences à manger de l'herbe ! »

Un médecin prend le pouls de Toto et lui annonce:
« Tu es en parfaite santé Toto, ton pouls est aussi régulier qu'un mouvement d'horlogerie !
- Normal, répond Toto, vous avez le doigt sur ma montre ! »

Il est sept heures du matin. Toto entre dans la chambre de ses parents et tire sa mère par le bras :
« Maman, c'est l'heure…
- Hein, quoi ? fait la mère encore tout ensommeillée. C'est l'heure de quoi ?
- De réveiller papa pour qu'il vienne me réveiller ! »

À la cantine, Toto arrive avec son plateau pour se faire servir :
« Bonjour madame, je voudrais un steak "oiseau", s'il vous plaît !
- C'est-à-dire ?
- Je le voudrais "cuit-cuit" ! »

En classe :
« Toto, pourquoi les requins vivent-ils dans l'eau salée ?
- Euh... Parce que le poivre les fait éternuer ? »

« Toto, lui dit son père, cette passion que tu as pour les westerns devient une vraie folie. Si tu ne laisses pas immédiatement ce poste de télé pour aller faire tes devoirs, je descends de ma selle, je pose mes revolvers, j'ôte mes éperons et je te flanque une bonne correction ! »

Toto observe des déménageurs. L'un d'eux porte en soufflant une énorme horloge.
« Il ne pourrait pas porter une montre, comme tout le monde ? » se demande Toto, perplexe.

« Toto, dit sa maman contrariée,
sais-tu quel est le point commun
entre ton bulletin de notes
et une limonade ?
- Euh... non.
- Ils ont tous les deux plein de bulles ! »

Toto demande l'heure à son père :
« Dans dix minutes, il sera midi pile,
Toto !
- Mais, je veux connaître l'heure
actuelle, pas celle dans dix minutes ! »

Toto a une énorme bosse sur la tête.
Sa maman lui demande ce qu'il lui est arrivé :
« Ben mon chemin a croisé celui d'une guêpe
dans les champs.
- Bonté divine, ce n'est quand même pas
une guêpe qui t'a fait ça !
- Non, mais j'ai voulu l'écraser avec une pelle. »

Toto entre dans une charcuterie :
« Bonjour, avez-vous des pieds de porc ?
- Oui, bien entendu !
- Et ça ne vous gêne pas pour marcher ? »

Toto a de mauvaises notes à l'école.
Son père, en colère, lui dit :
« À ton âge, Napoléon était toujours premier.
- Oui, mais au tien, il était déjà empereur ! »

Dans la cour de récré, Igor
le costaud s'écrie :
« Est-ce qu'il y a un Julien, ici ?
- Oui, c'est moi ! »
Alors, Igor lui saute dessus
et lui fiche un coup :
« Tiens, ça t'apprendra à rayer mon vélo. »
Puis il s'en va. Les copains aident
le blessé à se relever, l'un d'eux lui dit :
« Dis donc, il t'a bien eu !
- Tu parles, c'est moi qui l'ai eu !
En fait, je m'appelle Toto ! »

Toto va faire ses devoirs chez sa copine Justine. En arrivant dans le jardin, il remarque des pancartes “Attention au chien”. Il lui demande alors :

« Dis donc, pourquoi ces panneaux ? Ton chien est tout petit et pas bien méchant !

- Justement ! C’est pour qu’on fasse attention à ne pas l’écraser ! »

« Toto, veux-tu bien mettre à l’impératif cette phrase : "Le cheval tire la charrette." »

Et Toto de répondre :

« Hue ! »

La maîtresse interroge Toto :
« Dis-moi Toto, combien font trois plaquettes de chocolat à 2 € chacune ?
- Avec moi, pas plus d'une semaine ! »

Toto demande à un ami :
« Quelle est la différence entre une poubelle et une casserole ?
- Je ne sais pas.
- Eh bien, je n'irai pas déjeuner chez toi ! »

Toto discute avec Julien dans la cour.
« Justine est toujours fâchée contre toi ? demande Julien.
- Je dirais que ça va mieux. Avant, elle m'envoyait un texto tous les jours pour me dire que j'étais bête, maintenant, elle ne m'en envoie plus du tout ! »

La mère de Toto reçoit son amie Stéphanie qui vient de se marier. Elle explique à son fils :
« Tu sais Toto, maintenant, il faut appeler Stéphanie "Madame", car elle est mariée !
- Ah bon, s'interroge Toto. Avant, elle était un monsieur ? »

La mère de Toto n'est pas contente :
« Tu as mangé tous les éclairs au chocolat, tu aurais pu penser à nous !
- Mais j'ai pensé à vous ! Je n'arrêtais pas de me dire "pourvu qu'ils ne rentrent pas tout de suite dans la cuisine" ! »

Pendant une interrogation au tableau en classe :
« Toto, peux-tu me dire ce qui provoque la transpiration chez l'homme ?
- Euh, vos questions, madame ! »

La maîtresse demande
à la classe :
« Que s'est-il passé en 1111 ?
- L'invasion des Huns, m'dame ! »
répond Toto.

Toto, Benjamin et Amandine se sont donné rendez-vous sur le terrain vague à la nuit tombée pour admirer ensemble les étoiles. Mais l'endroit est gardé par le père Gustave, qui n'est pas bien commode.
« Pas de panique les amis, dit Amandine, regardez comment on passe. »
La petite fille se faufile à travers la palissade.
« Holà, qui va là ? crie le père Gustave.
- Miaou ! fait la petite Amandine.
- Ah, ça va. » grommelle Gustave.
Le petit Benjamin se faufile à son tour.
« Holà, qui va là ? crie le père Gustave.
- Miaou ! imite à son tour Benjamin.
- Ah, ça va. » grommelle encore Gustave.
Puis vient le tour de Toto, qui essaie de se faufiler à travers la palissade.
« Holà, qui va là ? crie le père Gustave.
- Euh… C'est le chat ! »

Le père de Toto se dore sur la plage au soleil. Voyant qu'il commence à s'endormir, Toto lui demande :
« Quand dois-je te réveiller : bien cuit, saignant ou à point ? »

« Toto, va te brosser les dents, allez, hop ! Elles ne sont pas propres ! lui intime sa maman.
- Ah mais, si ta cuisine était moins salissante, ça n'arriverait pas, maman ! »

Toto se confie à son copain Julien, tout en frottant une grosse bosse sur son front :
« Sais-tu ce qui est le plus dur quand on apprend à patiner ?
- Euh... non.
- C'est la glace. »

Toto visite le zoo. Il aperçoit un ours et un mouton dans le même enclos. Il demande au gardien :
« Oh, c'est dingue, ça ! Comment réussissez-vous à les faire vivre ensemble ?
- Héhé, c'est simple, nous changeons de mouton tous les matins ! »

Sur la route des vacances, Toto taquine sa petite sœur. Sa maman s'énerve :
« Toto, arrête d'embêter ta sœur, sinon je vais te punir !
- M'en fiche, y'a pas de coin dans la voiture ! réplique Toto. »

À la boulangerie :
« Bonjour madame, vous avez des sandwichs de dinosaure ?
- Désolée, Toto, nous ne pouvons pas t'en faire, nous n'avons plus de baguettes. »

Toto remue les mains dans la mare. Sa mère lui demande :
« Que fais-tu donc ?
- J'ai jeté un bout de sucre dedans, j'ai goûté,
mais c'est pas assez sucré, alors je remue ! »

« Dis papa, demande Toto,
qu'est-ce qui a 10 pattes,
qui est vert et bleu, et qui
mesure 10 centimètres ?
- Je ne sais pas.
- Moi non plus, mais tu en
as un dans le cou ! »

En classe, la maîtresse décide de donner un cours
sur la morale :
« Les enfants, qui peut me raconter maintenant
une histoire avec une morale ? Oui, Toto ?
- C'est Batman qui se promène la nuit, et il se fait
attaquer par trois ninjas. Il leur donne une sacrée raclée !
- Continue...
- Ensuite, rentré à la maison, il tombe sur Robin
qui a abîmé la Batmobile au garage, alors Batman
lui fiche une gifle !
- Mais enfin Toto, ce n'est pas une histoire à morale, ça !
- Si madame ! La morale de l'histoire, c'est qu'il faut pas
embêter Batman ! »

Toto va avec son père acheter une chemise. Ils entrent dans un magasin qui s'appelle : "Aux 100 000 chemises".
Le papa fait son choix, ils ressortent avec une belle chemise. Avant de partir, Toto lance au vendeur :
« Eh bien, maintenant, vous allez pouvoir changer le nom de votre magasin : "Aux 99 999 chemises !" »

« Maman, maman, je veux un canon !
- Mais enfin, Toto, c'est absurde !
- S'il te plaîîît, je veux un canooon !
- Ah, tu m'embêtes à la fin, dis donc !
Et puis, qui c'est qui commande, ici ?
- Toi… Mais si j'avais un canon… »

Toto consulte une voyante à la fête foraine :
« C'est combien la consultation ?
- 200 euros les trois questions.
- Ce n'est pas un peu cher ?
- Si tu le dis… Quelle est ta troisième question ? »

À la fin du match de foot, le capitaine de l'équipe demande à Toto, qui jouait au poste de goal :
« Pourquoi n'as-tu pas arrêté le ballon ?
- Ben, les filets ils servent à quoi alors ? »

Toto dessine des drapeaux avec ses feutres.
« Et le bleu-blanc-rouge, c'est quel pays ? demande sa maman.
- Le foot ! » répond joyeusement Toto.

Toto arrive en retard en classe. La maîtresse lui demande des explications...
« C'est parce que je rêvais d'un match de foot, m'dame !
- Je ne vois pas le rapport avec ton retard !
- Eh bien comme il y avait match nul, ils ont dû jouer les prolongations ! »

Toto passe une visite médicale :
« Lève la jambe droite, s'il te plaît, Toto. »
Toto s'exécute.
« Très bien, lève la jambe gauche. »
Toto obéit et, essayant de lever les deux jambes en même temps, il tombe les fesses par terre !
« Il est bizarre, votre examen, monsieur ! dit Toto en se relevant.
- C'est un test d'intelligence, et ça ne se présente pas très bien pour toi ! »

La mère de Toto a besoin d'aide sur la table à langer.
« Toto, peux-tu m'aider à changer ta sœur ?
- Quoi ? Tu es déjà fatiguée de ce bébé-là ? »

À la piscine, Toto se fait enguirlander parce qu'il a fait pipi dans l'eau.
« Mais enfin, proteste-t-il, c'est pas juste, je ne suis pas le seul à faire ça !
- Du haut du plongeoir, si, Toto ! »

Toto discute avec sa copine Justine :
« Tu ne m'avais pas dit que tu avais eu trois chatons !
Ils vont comment ?
- Oh, le premier est toujours dehors, le deuxième
est malade, le troisième ne sort jamais de son panier…
- Je t'arrête tout de suite, je suis nul en charades ! »

En cours :
« Toto, peux-tu me dire
pourquoi les champignons
ont la forme d'un parapluie ?
- Parce qu'ils ne poussent
que dans les endroits
humides, m'dame ! »

À la campagne, Toto essaie
d'impressionner sa copine
Justine :
« Pour attraper les lapins,
c'est facile, tu sais ! Il suffit
de se cacher et d'imiter le cri
de la carotte ! »

En rentrant chez lui, Toto demande à sa mère de l'emmener chez le docteur.
« Pourquoi mon chéri ? Tu te sens mal ?
- Moi non, mais c'est la maîtresse, elle m'a dit qu'il fallait que je soigne mon écriture ! »

Dans la cour de récré, Bastien frime auprès de ses camarades :
« Les gars, ceux qui sont intelligents posent toujours des questions, alors que les imbéciles, eux, ne doutent jamais de rien !
- Euh... t'es sûr de ça ? demande Toto.
- Absolument certain ! »

La maman de Toto n'est pas contente.
« Regarde, le lait a débordé.
Je t'avais pourtant demandé de regarder ta montre.
- Mais je l'ai fait, il était exactement 8 h 10 quand le lait a débordé ! »

Au restaurant, Toto s'écrie : « Monsieur, monsieur, il y a une mouche qui nage dans mon assiette !
- Oh, c'est encore le chef qui a mis trop de potage. D'habitude, elles ont pied ! »

Toto se vante auprès de son copain Julien :
« Hier, je suis tombé d'une échelle de dix mètres de haut !
- Pas croyable ! Et tu n'as rien de cassé ?
- Mais non, je n'étais que sur le deuxième barreau ! »

Toto est chargé de faire le marché. Il s'approche de l'étal du maraîcher pour acheter des pommes.
« Bonjour m'sieur ! Dites, vos pommes, elles viennent de France ou d'Espagne ?
- C'est pour les manger, ou c'est pour causer avec ? »

Toto en a marre de répondre au téléphone pour ses parents. Un soir, le téléphone sonne...
« Allô, je suis bien chez les parents de Toto ?
- Ah non, désolé, monsieur, c'est une erreur, ici, nous n'avons pas le téléphone ! »
Et il raccroche.

Toto rentre chez lui avec plein de trous dans ses vêtements.
Sa mère, horrifiée, lui demande :
« Dis donc, Toto, on peut savoir ce qui te prend ?
- Ben, on a joué à l'épicier avec les copains...
- Je ne vois pas le rapport !
- Mais si, maman !
Moi, j'étais le gruyère ! »

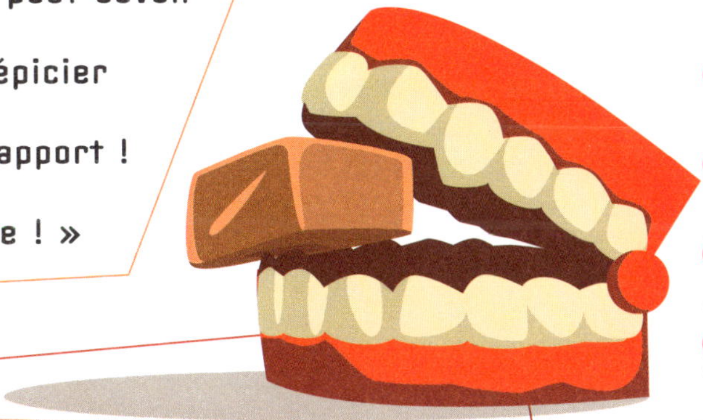

« Mamie, as-tu des bonnes dents ?
- Malheureusement non, Toto...
- Très bien ! Tu peux surveiller mes caramels ? »

Toto discute avec ses copains :
« Vous savez, les gars, c'est facile de traiter quelqu'un de menteur. Mais comment en être sûr ? Par exemple, si toi, Julien, tu me montres ta boîte aux lettres en me disant qu'elle est vide, et si je décide de l'ouvrir et que je trouve un éléphant dedans, qui a menti ? Julien, ou moi ? »

La maman ordonne à Toto :
« Ferme la porte, il fait froid dehors !
- Mais maman, si je ferme la porte, il fera toujours froid dehors. »

« Ça alors, c'est original, s'exclame Julien lorsque Toto arrive à l'école, tu as une chaussette jaune et une autre rouge !
- Tu parles, répond Toto, j'ai exactement la même paire à la maison... »

Toto est au magasin de jouets :
« Je voudrais cet avion s'il vous plaît. »
Toto tend alors un billet de Monopoly.
« Mais ton billet n'est pas un vrai ! s'exclame le vendeur.
- Ben oui, mais votre avion non plus. » répond Toto.

Toto discute avec Julien :
« L'autre jour, j'ai croisé Justine, mais elle ne m'a pas vu !
- Je sais, elle me l'a dit ! »

Un touriste à Amsterdam voudrait traverser le canal pour rentrer chez lui. Après une heure de marche le long du canal, il aperçoit Toto sur l'autre rive.
Il lui crie :
« OH HÉ ! COMMENT FAIT-ON POUR PASSER DE L'AUTRE CÔTÉ ? »
Toto lui répond :
« MAIS VOUS ÊTES DÉJÀ DE L'AUTRE CÔTÉ ! »

La maîtresse :
« Toto, est-ce que tu sais pourquoi les fleuves débordent et pas la mer ?
- Parce que dans la mer, il y a des éponges. »

Toto et sa petite sœur sont au zoo. Celle-ci lui demande :
« Dis Toto, pourquoi les flamants roses lèvent-ils une patte quand ils dorment ?
- Eh ben, parce que, parce que… parce que s'ils levaient les deux, ils tomberaient ! »

C'est l'heure de manger, Toto se présente à la cantine :
« Chef, est-ce que vous servez les nouilles ?
- Bien sûr Toto, ici, on sert tout le monde ! »

Toto demande à son camarade :
« Tu connais l'histoire de la feuille de papier ?
- Non.
- Elle déchire ! »

Toto décide de proposer
un numéro formidable
pour le spectacle de fin d'année
à l'école :
« M'dame, m'dame ! Moi, je sais
imiter l'oiseau !
- C'est très bien Toto, mais on a déjà vu
ce numéro un millier de fois !
- Ah, ben zut alors, fait Toto, dépité. Sur ce, il se lève,
ouvre la fenêtre, et s'envole ! »

La maîtresse demande aux enfants :
« Alors les enfants, savez-vous qui est-ce
qui a inventé la poudre ? »
Toto lève la main :
« En tout cas, mon papa a dit que c'était
sûrement pas vous ! »

Toto demande à son camarade :
« Tu connais l'histoire du Petit Poucet ?
- Non.
- Le petit poucet, mais rien ne sortait... »

Toto joue dehors avec
ses copains. Tout à coup il s'arrête :
« Ah, zut ! Il faut que je rentre,
c'est l'heure d'arroser le jardin.
- Mais voyons, Toto, il pleut !
- Ne vous inquiétez pas les copains,
je vais mettre mon imperméable ! »

Un policier s'arrête devant Toto qui joue de l'harmonica
dans le métro :
« Dis-moi mon garçon, as-tu une autorisation
pour jouer de l'harmonica ici ? »
Toto répond :
« Non, monsieur l'agent...
- Alors, tu vas m'accompagner, s'il te plaît !
- Bien sûr monsieur l'agent,
que voulez-vous chanter ? »

Toto demande à un camarade :
« Pourquoi les Indiens d'Amérique ont-ils froid ?
- Parce que Christophe Colomb les a découverts. »

Toto entre dans une bibliothèque et
demande un soda, des frites et un burger.
Le bibliothécaire répond :
« Toto, tu es dans une bibliothèque, voyons ! »
Toto répond en chuchotant :
« Un soda, des frites et un burger. »

Toto s'adresse à sa grand-mère,
admiratif :
« Dis donc, Mémé, tu tricotes
drôlement vite !
- Oui Toto, je me dépêche
avant que la pelote soit finie ! »

Toto dit à sa maman :
« Tu as vu maman, des chevals !
- Non Toto, ce sont des chevaux !
- Ah bon, pourtant ça ressemble trop à des chevals ! »

Julien dit à Toto :
« Je pars pour Milan !
- Quoi ? Si longtemps que ça ! »

En cours d'histoire :
« Toto, peux-tu me dire ce qu'a fait Christophe Colomb après avoir posé un pied en Amérique ?
- Euh... Il a posé l'autre, m'dame. »

« Toto, tu as 2 euros dans la poche droite de ton short, et 3 euros dans ta poche gauche. Qu'est-ce que tu en déduis ? demande la maîtresse.
- Que ça risque pas d'être mon short, madame ! »

Toto et son copain Julien sont en route pour l'école. En passant devant un panneau "Ralentir : école", ils ricanent :
« Ils ne s'imaginent quand même pas qu'on va y aller en courant ? »

Toto s'en va pêcher. Il creuse un trou dans la glace et il entend dans un haut-parleur :
« Il ne faut pas pêcher ici, il n'y a aucun poisson ! »
Toto va un peu plus loin et il entend à nouveau :
« Il ne faut pas pêcher ici, il n'y a pas de poisson ! »
Alors il répond :
« Mais qui est-ce qui parle ?
- Le directeur de la patinoire ! »

Avant de partir en vacances, le père de Toto demande à ce dernier de bien vouloir vérifier les pneus pendant qu'il fait le plein d'essence. Toto fait alors le tour de la voiture :
« Un, deux, trois, quatre ! C'est bon papa, ils sont tous là ! »

Toto demande à un camarade :
« Comment appelle-t-on un nez qui fait peur aux oiseaux ?
- Un nez-pouvantail ! »

Toto entre de manière pressée dans un restaurant. Il s'approche d'un serveur et lui chuchote timidement à l'oreille :
« Où sont vos toilettes, s'il vous plaît ? »
Le serveur lui répond :
« De l'autre côté. »
Alors Toto se déplace et lui chuchote dans l'autre oreille :
« Où sont vos toilettes ? »

Au foot, l'entraîneur s'adresse à Julien et Toto :
« Julien, tu seras gardien, et toi Toto, tu joueras avant.
- Euh, je peux pas jouer pendant, moi ? » demande Toto, vexé.

Toto rentre dans une boulangerie et demande :
« Vous avez des bananes ?
- Non, on n'a pas de bananes.
- Vous avez des bananes ?
- Non, on n'en a pas.
- Vous avez des bananes ?
- Tu es lourd ! Si tu me demandes encore si j'ai des bananes, je te scotche la bouche !
- Vous avez du scotch ?
- Non.
- Vous avez des bananes ? »

Toto demande à un camarade :
« Qu'est-ce que dit un œuf qui attend un pote depuis une heure ?
- S'il n'est pas là dans 10 minutes, j'me casse. »

Toto demande
à un camarade :
« Qu'est ce qui fait
999 fois "TIC"
et 1 fois "TOC" ?
- Un mille-pattes avec
une jambe de bois. »

Toto demande à
un camarade :
« Qu'est-ce qui fait
"nioc-nioc" ?
- Un canard qui essaye
de parler le verlan. »

Toto et sa copine rêvassent en regardant les nuages.
Tout à coup passe un avion.
« Ah, je le reconnais, c'est l'avion du président !
fait la petite fille.
- Mais non... répond Toto, sinon on verrait
passer les motards ! »

Toto demande à un camarade :
« Un éléphant bleu va dans
la mer rouge, comment en
ressort-il ?
- Mouillé. »

Toto demande à
un camarade :
« Qu'est-ce qu'un canif ?
- Un petit fien ! »

Lors d'un spectacle, le ventriloque
dit à sa marionnette :
« Alors, je crois que tu as une bonne
histoire à nous raconter ! »
La marionnette répond :
« Oui ! C'est l'histoire de Toto... »
Soudain, Toto se lève dans
la salle et crie :
« On arrête avec les blagues
de Toto, j'en ai marre de
me faire ridiculiser ! »
Le ventriloque, mal à l'aise,
répond :
« Excuse-moi, Toto... On fait
ça juste pour s'amuser !
Toto répond :
- C'est pas à toi que je parle,
c'est au petit à côté ! »

Toto demande à un camarade :
« Comment s'appelle la femelle du hamster ?
- Amsterdam. »

Toto et son papa sont perdus dans la forêt :
« Je meurs de soif ! dit le papa de Toto.
- Il faut sucer des cailloux quand on a soif, dit Toto.
- Non ! ce qu'il faut, c'est trouver une rivière.
- Ah oui pas bête ! Dans une rivière il y a toujours des cailloux ! »

Toto discute avec Julien avant d'entrer en classe :
« L'autre jour, j'ai entendu à la télé qu'à chaque fois que je respirais, un homme mourait sur Terre, annonce gravement Julien.
- Ça ne m'étonne pas, répond Toto, depuis le temps que je te dis de changer de dentifrice. »

La maîtresse demande :
« Une maman a 8 enfants et 5 pommes.
Comment fait-elle pour que chacun de ses enfants ait la même part de pommes ?
Toto répond :
– Elle fait de la compote ! »

Le père de Toto fait remarquer à son fils, qui écrit le prénom de sa petite sœur, que l'on doit mettre une majuscule aux noms propres. Toto répond :
« Mais Clémence, elle n'est pas propre ! »

Toto demande à un camarade :
« Comment appelle-t-on les petits d'une oie ?
- Les noisettes. »

Toto est sous la douche. Il dit à sa maman :
« Passe-moi un autre shampoing, s'il te plaît.
- Mais, tu en as un à côté de toi !
- Je sais, mais celui-là, c'est pour cheveux secs alors que j'ai les cheveux mouillés ! »

Toto et son père font du vélo. À un rond-point, Toto fait plusieurs tours.
Son père, agacé, lui demande :
« Mais pourquoi tu fais des tours comme ça ?
- Bah regarde, le panneau dit "30", donc je fais 30 tours ! »

Toto et sa petite sœur vont à la mer pour la première fois. À marée haute, ils remplissent une bouteille d'eau comme souvenir. Ils reviennent plus tard dans l'après-midi... Mais la mer est à marée basse. « Ben dis donc, constate Toto avec sa sœur, on n'est pas les seuls à avoir pris de l'eau, t'as vu ? »

La maîtresse dit a Toto :
« Toto, où est mort Napoléon ?
- Page 38 du livre d'histoire ! »

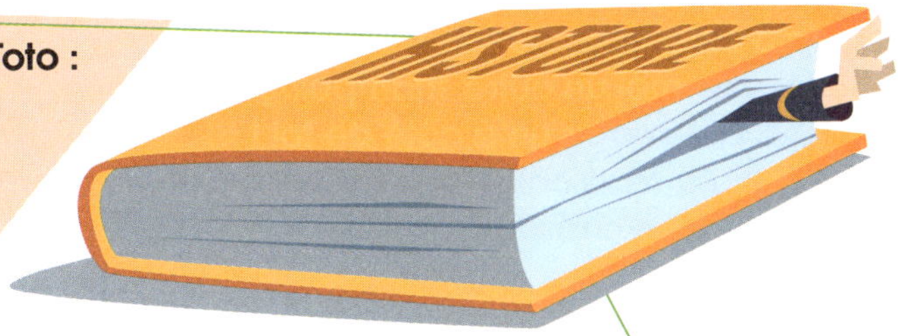

À la boulangerie, Toto est chargé de rapporter deux baguettes de pain.
« Ça fera deux euros, Toto. » dit la boulangère.
Toto pose alors un seau plein d'eau sur le comptoir.
« Mais Toto, tu ne peux pas payer avec un seau d'eau ! s'exclame la boulangère.
- Ah bon ? Parce que maman m'a demandé de payer en liquide ! »

Toto entre dans une pharmacie :
« Avez-vous des lunettes ?
- Pour le soleil ?
- Non non, pour moi ! »

Toto se réveille et allume la lumière.
Sa petite sœur lui demande :
« Pourquoi tu allumes ?
- Pour voir si c'était bien éteint. »

La maîtresse demande :
« Comment Charles de Gaulle a-t-il été enterré ?
- Avec la pelle du 18 juin ! »

La maîtresse demande à Toto :
« Suppose que, devant toi, tu aies le nord. Qu'as-tu à ta droite ?
- L'est.
- Bien. Et à ta gauche ?
- L'ouest.
- Parfait. Et derrière toi ?
- Un trou à mon pantalon.
J'avais bien dit à maman que vous le verriez tout de suite ! »

Toto cherche un livre dans la librairie et une vendeuse lui vient en aide.
« Que puis-je faire pour toi, mon petit ?
- Je voudrais un livre, m'dame.
- De quel auteur ?
- Euh, vingt centimètres ? »

La petite sœur de Toto demande à Toto :
« Comment les moutons font pour dormir ?
– Pour s'endormir, un mouton ne peut compter que sur lui-même. »

Julien demande à Toto :
« Tu crois qu'il y a des gens qui habitent sur la Lune ?
- Bien sûr, ils allument la lumière tous les soirs ! »

La maîtresse fait étudier les cinq sens à ses élèves.
« Avec quoi entend-on ? questionne-t-elle.
- Avec les oreilles, répondent les enfants en chœur.
- Bien. Avec quoi voit-on ?
- Avec les yeux.
- Très bien. Avec quoi goûte-t-on ? »
Silence général. Enfin, Toto lève le doigt :
« Avec du pain et du chocolat ? »

Toto et sa petite sœur se disputent :
« Quel âne !
- Tête de cochon !
- Espèce de dinde ! »
Leur mère arrive et crie :
« Oh la ferme ! »

HA HA HA

La maîtresse explique aux élèves :
« Si nous tenons debout, c'est grâce à la loi de la gravitation. »
Toto l'interrompt :
« Mais alors, m'dame, comment faisaient les gens avant que la loi ne soit votée ? »

Toto demande à son copain Julien :
« Quelle est la différence entre un chapon et une poule ?
– Je sais pas !
– Une poule cha pond et un chapon cha pond pas... »

« Tu ne manges pas, Toto ? demande sa maman.
- Je n'ai pas faim. Je viens juste de manger
tous les raisins qui étaient sur le papier tue-mouches ! »

Toto rencontre pour la première fois
le directeur de l'école.
« Bonjour mon garçon, comment
t'appelles-tu ?
- Toto.
- Apprends que lorsque tu me parles,
tu dois dire "monsieur" !
- Ah bon, très bien...
- Reprenons. Comment t'appelles-tu ?
- Monsieur Toto ! »

La maîtresse dit à Toto :
« C'est la cinquième fois
cette semaine que je te colle !
As-tu quelque chose à dire ?
- Ah oui, je suis content
qu'on soit vendredi... »

Toto demande à sa mère :
« Maman, tu dis que nos voisins sont du Midi. Mais nous, on est du matin ou du soir ? »

Toto se vante auprès de son copain Julien :
« Tu sais une fois, j'ai réussi à arrêter un train d'une seule main !
- N'importe quoi...
- Mais si ! J'ai tiré le signal d'alarme ! »

Julien, Thomas et Toto jouent à cache-cache. Ils décident de se cacher dans trois sacs de patates qui traînaient par là. Alexandre, celui qui doit les trouver, se doute de quelque chose. Il s'avance vers le premier sac et met un coup de pied dedans. Julien fait :
« Miaou, miaou... »
Puis Alexandre s'avance vers le deuxième sac et le frappe. Thomas fait :
« Ouaf, ouaf... »
Enfin il s'approche du troisième sac et lui donne un grand coup. Toto réfléchit et dit :
« Patate, patate... »

La maman de Toto dit à celui-ci :
« Pourquoi tes notes sont devenues si mauvaises ?
- Parce que ma voisine a changé de place. »

Toto discute avec son ami :
« Cette année, Noël tombe un vendredi.
- J'espère que ce sera pas un vendredi 13. »

Toto est à la plage avec ses parents.
« Toto, viens te baigner ! l'entraîne sa maman.
- Ah non, j'ai pas envie de fondre, moi !
- Comment ça ?
- Tu vois le monsieur, là-bas ? Il est entré dans l'eau tout à l'heure. Maintenant, il n'y a plus que sa tête qui dépasse ! »

Séchant devant un problème de calcul, Toto montre cet énoncé à son père :
« Combien faudrait-il de pièces de deux euros pour constituer la somme d'un million sept cent quatre-vingt-neuf mille euros ?
- Si la somme totale avait été écrite en chiffres, répond le père, je t'aurais dit qu'il suffisait de la diviser par deux.
Mais comme c'est écrit en lettres, j'avoue que je ne sais pas… »

« Pourquoi, questionne l'instituteur, le couvercle de la marmite se soulève-t-il quand l'eau bout ?
- Parce que, dit Toto, les microbes ont trop chaud, alors, ils cherchent à se sauver. »

« Si une bonne fée te proposait de t'accorder la réalisation d'un de tes vœux, dit Julien à Toto, que lui demanderais-tu ?
- Que Budapest devienne la capitale de la Roumanie.
- C'est idiot comme vœu.
- Peut-être. Mais ça me permettrait d'avoir la moyenne à la dernière interrogation de géographie. »

La maîtresse fait remarquer à Toto :
« C'est très curieux, mais, sur ce devoir de maths, il me semble reconnaître l'écriture de ton père...
- Ça, fait Toto, ce n'est pas étonnant. Je me suis servi de son stylo. »

Toto pêche en zone interdite. Un gendarme l'interpelle :
« Dis donc, mon grand, tu ne sais donc pas qu'il est interdit de pêcher ici ?
- Mais, je ne pêche pas. J'apprends à nager à mon asticot ! »

Toto est en vacances chez ses grands-parents à la ferme.
« Mamie, c'est vrai que c'est ton cheval qui t'apporte le journal chaque matin ?
- Oui, Toto ! Avant c'était mon chien. Mais il en profitait toujours pour faire les mots fléchés avant moi ! »

Toto demande à un camarade :
« Tu connais l'histoire du lit vertical ?
C'est une histoire à dormir debout... »

C'est la maman de Toto qui dit à son mari :
« Toto se plaint d'avoir mal à la tête.
Je pense qu'il vaudrait mieux appeler
le médecin.
- Oh, laisse tomber, il nous fait le coup
au moins une fois par semaine.
- Oui, mais aujourd'hui, c'est la première
fois qu'il le fait alors qu'il n'a pas à aller
à l'école ! »

Théo le costaud frime dans la cour de récré :
« Eh, les filles ! Je peux enchaîner cinquante saltos
arrière et cinquante saltos avant !
– C'est trop bête, lance Toto en riant, tu finiras
au point de départ... »

L'institutrice demande aux élèves :
« Quel est le meilleur moment pour cueillir des cerises ? »
Toto lève le doigt :
« Quand le chien de la voisine est attaché, madame ! »

Toto demande à un camarade :
« Qu'est-ce qui est vert et qui se déplace sous l'eau ?
- Un chou marin. »

« Toto, pourquoi sèmes-tu des miettes de pain sur notre paillasson ? s'écrie sa maman.
- Il paraît que ça éloigne les tigres, maman, répond Toto très sérieusement.
- Mais il n'y a pas de tigre dans notre ville, soupire sa maman en ramassant les miettes.
- C'est normal, maman ! Puisque j'ai semé des miettes de pain ! »

Toto va voir sa maman :
« J'ai deux nouvelles à t'annoncer.
- Commence par la bonne, Toto.
- Non, c'est deux mauvaises. »

Toto demande à son père de l'aider pour sa leçon de calcul :
« Voyons, Toto, tu achètes 2 crayons pour 4 euros. Comment fais-tu pour connaître le prix d'un crayon ?
- Ben, je regarde le ticket de caisse ! »

La maman de Toto interroge ce dernier :
« Dis-moi, Toto, que rêverais-tu d'avoir ?
- Un hélicoptère télécommandé, un gros ours en peluche, la base secrète de Biscottos-Man...
- Allons, Toto, l'arrête sa mère en riant, tu as déjà tout ça !
- Ah ? C'est vrai... Alors j'aimerais avoir davantage de mémoire... »

Toto est de corvée de nettoyage de vitres.
Soudain, sa maman lui demande :
« Mais enfin, Toto, pourquoi nettoies-tu les vitres avec ta chemise ?
- Oh, ne t'inquiète pas maman, c'est l'outil idéal. Regarde, c'est une chemise à carreaux ! »

En ce moment, Toto se prend pour un superhéros.
« Maman, tu sais que je peux éteindre un incendie rien qu'avec ma bouche ?
- Allons bon, et comment t'y prendrais-tu, Toto ? sourit sa maman.
- Eh bien, j'appellerais les pompiers ! »

Toto rentre chez lui plein de boue.
« Maman... Je suis tombé de vélo...
- Quoi ? Avec ton pantalon tout neuf ?
- Euh oui, c'est que je n'ai pas eu le temps de l'enlever ! »

Toto est au jardin. Sa mère lui demande :
« Mais enfin Toto, qu'est-ce que tu fais ?
- Ça se voit maman, j'arrose les fleurs !
- Allons Toto, tu arroses les fleurs en plastique !
- Je sais, c'est pour ça que mon arrosoir est en plastique aussi ! »

Toto se vante auprès de son copain Julien :
« Moi, je fais du judo contre des éléphants !
- Ça ne doit pas être facile... répond Julien.
- Bah, ça va, je les envoie en l'air avec une pichenette !
- Ça ne doit pas être simple, ça non plus !
- Oui c'est vrai... On a toujours du mal à trouver un kimono à leur taille ! »

Devant toute sa famille réunie dans le salon, Toto donne un concert avec sa guitare toute neuve.
« Mais Toto, pourquoi fermes-tu les yeux quand tu joues ? demande son père.
- Eh bien... C'est pour ne pas voir vos têtes qui souffrent... »

Toto achète de nouveaux vêtements avec son papa.
« Allons, Toto, on ne va pas y passer la journée.
Il est très bien, ce pantalon ! Qu'est-ce que
tu lui reproches ?
- Il me serre un peu sous les bras… »

En vacances à la ferme de ses grands-parents, Toto est chargé d'aller nourrir les bêtes.
« Salut les amis ! s'écrie joyeusement Toto.
- Hi-han !
- Et voilà, chaque fois que j'engage la conversation, je me retrouve face à un âne… »

En classe :
« Les enfants, pourquoi l'eau siffle quand on la fait bouillir ? demande la maîtresse.
- Ben, ce sont les microbes qui hurlent qu'on les cuit, m'dame ! » répond Toto.

Dans la cour de récré :
« Eh, Julien, tu connais l'histoire du boomerang ?
- Non... Toto ?
- Eh bien... Oh, zut, attends, elle va me revenir ! »

Cours de français en classe :
« Toto, quel est le pluriel d'un voleur ?
- Valises, m'dame ! Parce qu'on dit un voleur, dévalise... »

Toto et ses parents visitent un musée. Toto s'arrête devant un tableau, et affirme solennellement :
« Cette peinture a trois cents ans et vingt jours !
- Quelle précision, Toto, s'étonnent ses parents, comment le sais-tu ?
- Facile ! Je suis venu ici avec l'école il y a vingt jours et le guide nous a dit que cette peinture avait trois cents ans ! »

Toto et Julien se racontent des blagues au lieu d'écouter la maîtresse pendant la classe :
« Eh, Toto, tu connais l'histoire de la chaise ?
– Oui, elle est pliante, hi hi hi ! »

Toto accompagne son papa chez le garagiste. Celui-ci demande quel est le problème de leur voiture :
« C'est facile, intervient Toto, toutes les pièces font du bruit, sauf le klaxon ! »

Toto se confie à Justine, sa copine :
« Justine, c'est fini, j'arrête de jouer ! Plus de billes, de défis, de cartes… C'est trop risqué !
- C'est bien, Toto, mais ça m'étonnerait que tu tiennes très longtemps…
- Ah, non ? Et tu paries combien ? »

En cours de maths, la maîtresse enseigne les opérations quand Toto lève la main, en colère : « Ah, non, madame ! Hier, vous aviez dit que 2 + 2 faisaient 4, maintenant vous me dites que c'est 3 + 1 ! »

La maîtresse demande en classe :
« Quels sont les deux animaux les plus intelligents ? »
Toto lève la main et dit :
« Le cerf et le veau (le cerveau), madame ! »

Toto fait du camping avec les copains. Au coucher, sous la tente, son voisin s'étonne :
« C'est curieux, j'ai l'impression que mon pied gauche sent plus mauvais que le droit...
– C'est juste ta narine droite qui est bouchée. » répond Toto en se pinçant le nez.

Toto interroge son père :
« Papa, tu as déjà mangé du singe ?
- Bien sûr Toto ! rigole son père.
- Ah bon ? Et quel goût ça a ?
- Ça ressemble à du mouton, du veau, de la dinde, du bœuf...
- Tout ça ?
- Eh oui ! Le singe, ça imite tout, Toto ! »

Chez le dentiste, la maman de Toto supplie son fils :
« Sois sage, mon chéri s'il te plaît, et fais "Aaah", que le docteur puisse enlever ses doigts... »

En classe, pendant une rédaction, Julien se penche sur la feuille de Toto :
« C'est dingue, tu as la même écriture que moi !
- C'est normal, je t'ai pris ton stylo ! »

Cours de sciences naturelles en classe :
« Toto, peux-tu me dire combien d'espèces de poissons existe-t-il ?
- Euh… Trois, m'dame ! Les petits, les moyens et les gros ! »

Après avoir vu un documentaire sur les oiseaux, Toto demande à son père dans l'espoir de s'instruire :
« Papa, c'est quoi, un rapace ?
- C'est un oiseau qui passe et qui rapace ! »

Toto se rend chez le médecin avec sa maman.
« Docteur, mon Toto a un problème aux yeux, il voit des bonbons partout !
- Hum, essaie donc ces lunettes, mon garçon, dit le médecin en chaussant des lunettes à Toto.
- Ah, merci docteur ! s'écrie Toto, maintenant, les bonbons sont beaucoup plus nets ! »

« Dis papa, moi, je suis né à Paris, non ?
- Oui, Toto.
- Et maman, c'est vrai qu'elle est née à Lille ?
- Euh... Oui, Toto.
- Et toi, tu m'as bien dit que tu étais né à Bordeaux ?
- Oui, Toto ! »
Toto réfléchit alors un moment, puis lance :
« C'est quand même marrant qu'on se soit rencontrés tous les trois ! »

Cours de français en classe :
« Toto, quel est le pluriel d'un train ?
- Euh, des rails m'dame ! Parce qu'on dit un train, déraille... »

Toto regarde en famille un documentaire sur les éléphants. Il se pose plein de questions :
« Dites, pourquoi les éléphants sont si ridés ?
- Sûrement parce que personne n'a jamais réussi à les repasser. » répond son père.

Toto et son grand-père vont au cirque.
« Regarde, pépé, il jongle carrément avec des chevaux !
- Peuh ! bougonne le grand-père… Des balles de jonglage seraient moins coûteuses à nourrir ! »

Toto est en vacances chez son pépé au bord de la mer.
« Dis-moi Toto, demande son grand-père, sais-tu quel est le meilleur endroit pour pêcher la sardine ?
- Facile pépé, sur une mer d'huile ! »

Avant de partir en voiture, le papa de Toto demande à son fils de vérifier le bon fonctionnement des clignotants.
« Vas-y papa ! Alors : ça marche, ça marche pas, ça marche, ça marche pas… »

Toto, Julien et Justine discutent dans la cour de récré :
« Eh, vous connaissez le coup du lapin ? demande Julien.
- Oui, oui, répondent les deux autres...
- Et le coup de la girafe ?
- Ah non, celui-là je ne le connais pas ! dit Justine.
- Bah, je parie que c'est un coup monté. » répond Toto.

Toto entre dans un bureau de poste :
« Bonjour monsieur, je voudrais un timbre à un euro.
- Voilà jeune homme, répond l'employé.
- Merci ! Euh, je vous dois combien ? »

Toto entre dans une papeterie et crie très fort :
« Bonjour ! Je voudrais un stylo plume, s'il vous plaît !
- Pas si fort ! Je ne suis pas sourd, répond le vendeur.
À grands ou à petits carreaux ? »

Toto visite le salon de l'agriculture. Il croise un éleveur qui dit fièrement :
« Dans ma ferme, j'ai un troupeau de cinq mille bêtes à cornes !
- Eh ben, siffle Toto, ce n'est pas trop difficile à nourrir ?
- Mais non mon garçon, répond l'éleveur avec un clin d'œil, j'élève des escargots... »

À l'école, c'est la semaine du goût ! La maîtresse demande :
« Qu'est-ce que le sucre ?
- C'est ce qui donne un goût amer au café quand on l'oublie ! » répond Toto.

La maîtresse demande à Toto :
« Toto, 3 et 3 ça fait quoi ?
- Match nul, madame ! »

Toto discute avec
son copain Julien :
« Ma mère voulait m'appeler
Victor, mais mon père
préférait Paul !
- Finalement, quel prénom
ont-ils choisi ?
demande Julien.
- Ben, Toto... »

Le papa de Toto lui demande :
« Mais où est donc ton bulletin ?
- Je l'ai prêté à un copain,
il voulait faire peur à son père ! »

La maman de Toto consulte le vieil album familial :
« Oh, ça alors, l'arrière-arrière-arrière-grand-oncle Marcel
est mort le jour même de son anniversaire ! s'étonne-t-elle.
- Et alors, maman ? Moi, je suis bien né le jour de
mon anniversaire ! » répond Toto.

À la cantine, Toto se plaint :
« Madame, l'eau de cette carafe est toute trouble ! C'est dégoûtant !
- Mais non, Toto, soupire la dame de service, l'eau est limpide. C'est la carafe qui est sale ! »

Totalement désemparé, Toto aborde un agent de police.
« M'sieur, pouvez-vous m'aider ? Mon animal de compagnie a disparu !
- Bien sûr, mon garçon, à quoi ressemblait-il ?
- C'est un ornithorynque albinos boiteux portant un nœud rose...
- Ah, il faut être plus précis, Toto. Le nœud, il est rose bonbon ou rose fuchsia ? »

Toto pêche au bord du ruisseau.
Un passant l'interpelle :
« Alors, ça mord ?
- Pensez-vous, m'sieur !
Ces poissons-là ne sont pas bien méchants... »

Toto est au cirque avec son papa. Celui-ci demande alors :
« Dis, Toto, tu sais ce que ça sent, un pet de clown ?
- Euh, non ?
- Ça sent drôle ! »

Toto est chargé par sa maman de vider le lave-vaisselle. Il se met à l'ouvrage lorsque son copain Julien arrive dans la cuisine et aperçoit Toto en train de ranger la vaisselle... avec des gants de boxe !
« Ah, Toto, tu aimes vraiment te compliquer la vie !
Je me demande comment tu fais tes devoirs, tiens !
- Bah, comme tout le monde, répond Toto naturellement, debout dans un hamac ! »

Toto entre chez
un marchand d'antiquités,
et lui lance avant de
s'enfuir en riant :
« Alors, quoi de neuf ? »

On sonne à la porte et c'est Toto qui ouvre.
C'est un représentant en aspirateurs. Celui-ci, avant même que Toto n'ait pu ouvrir la bouche, entre dans la maison et renverse tout le contenu de la poubelle sur le sol : os de poulet, débris de vaisselle, fleurs fanées...
« Ne t'inquiète pas, tu vas voir, mon garçon ! Mon nouvel aspirateur va tout avaler en deux minutes ! Tu pourras dire à ta maman que je n'ai pas menti, hein ! Et ce que l'aspirateur n'avalera pas, eh bien, c'est moi qui l'avalerai ! »
Toto se rend alors dans la cuisine, revient avec du sel, du poivre, de la vinaigrette et assaisonne les déchets.
« Mais enfin, que fais-tu ? demande le vendeur.
– Moi ? Rien, je vous simplifie la vie.
Parce qu'aujourd'hui, on a coupé l'électricité... »

Le papa de Toto n'est pas content du tout de son dernier bulletin scolaire : « Toto, ce n'est pas possible ! Tu es vraiment ignare !
- Ah, oui ? Ça m'étonnerait, hein ! Parce que je ne sais même pas ce que ça veut dire ! »

En bordant son fils dans son lit, la maman de Toto dit :
« Dors bien mon chéri ! Et si tu as peur, appelle maman... Papa viendra ! »

Au musée, le gardien gronde Toto qui a encore fait des bêtises :
« Tu as cassé une statue antique vieille de deux mille cinq cents ans !
- Vous avez de la chance alors... elle aurait pu être toute neuve ! »

Toto regarde sa maman en train de talquer les fesses de sa petite sœur :
« C'est fou, jamais je n'aurais cru qu'on faisait les gâteaux comme ça ? »

On est en plein mois d'août et le soleil frappe très fort sur la route. Toto rentre chez lui avec son chien, son sac au dos. Il a très chaud :
« Eh bien ! Je crois que j'ai jamais eu aussi chaud de ma vie !
- Moi aussi, dit le chien.
- Hein, s'étonne Toto. C'est la première fois que j'entends parler un chien !
- Et moi aussi, dit le sac à dos… »

La maîtresse s'adresse à Toto :
« Peux-tu me citer un mammifère qui n'a pas de dents ?
- Euh…
ma grand-mère ? »

Toto envoie un courrier à la poste. La postière lui fait remarquer :
« Cette lettre est trop lourde, il faut ajouter un timbre à cinquante centimes !
- Ben oui, mais si j'ajoute un timbre, elle sera encore plus lourde. » répond Toto.

Toto et Julien discute :
« Depuis que mes parents m'ont offert un tambour, mon argent de poche a triplé !
- Ah bon ? Tu fais des concerts et tes parents te paient ? demande Julien.
- Non, non, ils me paient pour que je ne joue pas ! »

Toto trouve un billet de dix euros par terre.
Sa copine Justine lui demande :
« La chance ! Tu vas en faire quoi, de ce billet ?
- Je vais m'acheter... un portefeuille !
- Mais tu y mettras quoi, dedans ?
- Ben... mon billet ! »

Les parents de Toto discutent
du nouveau bébé qui vient d'arriver :
« La maison est devenue trop petite
pour quatre personnes, nous devons
déménager. »
Toto écoute sans rien dire, et puis
finalement se lance :
« De toute façon, ça sert à rien
de déménager, il va nous suivre ! »

Toto demande à son copain :
« comment appelle-t-on
un boomerang qui ne revient
pas ?
- Un cintre. »

La maîtresse demande à Toto :
« Toto, si tu as 3 lapins et encore 3 lapins,
combien en as-tu?
- Euh... 7 !
- Non Toto, on recommence. Si tu as 3 pommes
et encore 3 pommes, combien en as-tu?
- Euh... 6 !
- Très bien Toto, tu vois que tu sais compter.
Mais pourquoi avec les lapins tu me réponds 7 ?
- Ben parce que j'en ai déjà un à la maison. »

Toto dit à la maîtresse :
« Ma mère ne croit plus aux mathématiques.
- Ah oui, comment ça ?
- Elle ne comprend pas comment elle a pu prendre 5 kilos en mangeant une boîte de chocolats de 2 kilos ! »

À l'école, la maîtresse de Toto lui demande :
« Toto, si tu as 5 euros et que ta maman t'en donne 5 autres, combien auras-tu d'argent en tout ?
- Ben... 5 euros.
- Non ! Tu ne connais pas tes tables de multiplication ?
- Si je les connais, mais je connais aussi ma maman... »

En décembre, Toto dit à son papa :
« Ce mois-ci, j'ai eu une très bonne place à l'école.
- Ah oui, tout près de la maîtresse ?
- Non, je suis au fond de la classe, tout près du chauffage ! »

Voyant sa mère talquer sa petite sœur, Toto propose :
« Maman, pendant que tu mets la farine, tu veux que je casse les œufs ? »

« Dis Toto, tu sais comment on appelle un mouton sans pattes ? demande sa petite sœur.
- Non, c'est quoi ?
- Un nuage ! »

Toto vient rapporter à la maîtresse :
« Madame, madame, y'a Julien qui fait rien qu'à me fiche des coups de pied aux fesses !
- Écoute, Toto, c'est très vilain de rapporter ! Et puis d'abord, je ne réponds qu'aux petits garçons bien élevés...
- Madame, madame, y'a Julien qui fait rien qu'à me fiche des coups de pied aux fesses, s'il vous plaît ! »

Toto rencontre un copain de classe dans la rue et lui dit :
« Salut, Gilles, ça va ? Dis donc, t'as grandi, et maigri aussi !
Et tu portes des lunettes maintenant ? Et tu as les cheveux frisés aussi ?
- Mais, je ne m'appelle pas Gilles ! répond son copain.
- Ah bon ! T'as même changé de prénom ! » répond Toto en riant.

La maman demande à Toto :
« Pourquoi as-tu de si mauvaises notes ?
- Parce que ce n'est pas moi qui les mets tiens ! »

Toto est en vacances à la ferme chez l'oncle Gustave.
Il voit une truie couchée sur le flanc, allaitant ses dix petits.
« Alors, Toto, tu as vu comme cette truie-là est grosse ?
- Pour sûr, oncle Gustave, c'est normal, ils sont tous en train de souffler dedans pour la gonfler ! »

Toto envoie un texto à sa copine Justine. Intrigué, son père regarde par-dessus son épaule. Il lit ces mots sur le téléphone de Toto : « Badoum ! Badoum ! Badoum ! Badoum ! Badoum ! Badoum ! Badoum ! »
Son père lui demande alors :
« Tu ne lui envoies pas un autre “Badoum” ?
- Ah, non, papa ! Ça ne ferait pas sérieux ! »

Toto se promène avec son papa, lorsque celui-ci demande à son fils :
« Toto, sais-tu ce qui est invisible et qui sent la carotte ?
- Euh, non ?
- Un pet de lapin ! »

Toto fait examiner sa vue chez l'ophtalmologiste.
« Docteur, je crois que je vois tout en double...
- Nous allons regarder ça, Toto, assieds-toi sur cette chaise.
- Merci, mais... laquelle ? »

Pour aider sa mère, Toto décide de laver son pull tout seul.

« Euh, Toto, pourquoi laves-tu ce pull avec du dentifrice ? demande la maman, un peu horrifiée.

– Voyons maman, tu ne sais pas que le dentifrice rafraîchit la laine et renforce les mailles ? »

Assis sur le trottoir en face d'une église, Toto voit défiler un cortège de mariés.

« Elle n'est pas idiote, la mariée... Elle est entrée avec un vieux monsieur, et elle est ressortie avec un jeune ! »

La maîtresse demande à Toto :
« Qu'est ce qui est le plus près, la Lune ou l'Angleterre ?
- La Lune, m'dame !
- Pourquoi ?
- Parce qu'on la voit, alors que l'Angleterre, non ! »

Toto part se coucher sans embrasser ses parents.
« Dis donc Toto, on ne t'a jamais appris à être poli à l'école ?
- Si, mais on nous a jamais appris à dire “Bonne nuit”, on y va que le matin ! »

Lors du cours d'anglais, la maîtresse demande aux élèves d'écrire une rédaction avec les mots *green*, *yellow* et *pink*.
Le lendemain, elle interroge les élèves :
« Toto, peux-tu lire ta rédaction à la classe s'il te plaît ?
- Hier le téléphone a sonné “*Green, green*” ! J'ai répondu “*Yellow*” ?
Et comme il n'y avait personne au bout du fil, j'ai raccroché, “*Pink*” ! »

« Tu aimes aller à l'école Toto ? lui demande sa grand-mère.
- Oh oui, mais j'aime bien aussi en revenir. La seule chose qui m'ennuie, c'est le temps que je passe entre les deux. »

Le père de Toto n'en peut plus de voir son fils ramener des mauvaises notes à la maison.
Il lui propose un marché :
« Écoute Toto, à partir d'aujourd'hui, tu n'auras plus que des bonnes notes à l'école. Et tu sais pourquoi ? Parce que si tu ramènes chaque semaine une bonne note, je te donnerai 20 euros. Tu as compris ?
- Et comment ! »
Le lendemain après la classe, il va voir sa maîtresse et lui glisse à l'oreille :
« Cela vous dirait de gagner 10 euros par semaine ? »

Toto demande à son père :
« Papa, est-ce qu'on a le droit de crier sur les gens ?
- Non Toto, ce n'est pas bien !
- Tant mieux, parce que j'ai cassé le vase de grand-mère. »

En vacances au camping, Toto s'est fait mal après une chute. Il va à l'infirmerie :
« Je me suis fait mal au dos !
- Hum… on dirait bien que tu es tombé près des vertèbres, annonce l'infirmier du camp.
- Pas du tout, je suis tombé près de la forêt ! »

Toto fait une farce à ses parents :
« Papa, maman, c'est horrible, j'ai un jambon qui me pousse sur le nez !
- Mon pauvre Toto, répond sa mère, j'ai une bonne et une mauvaise nouvelle pour toi. La mauvaise, c'est que nous allons être obligés de t'amputer du jambon… Et la bonne, c'est que tu pourras le manger ! »

Toto se promène avec son père.
« Papa, qu'est-ce qu'il y a sur cet arbre ?
- C'est des prunes noires, Toto.
- Mais, papa, elles sont pas noires, elles sont blanches !
- Oui. Elles sont blanches parce qu'elles sont vertes. »

Toto demande à son copain Julien :
« Eh, tu sais comment on reconnaît un chat d'une chatte ?
- Euh... non.
- C'est facile ! Tu cries :
"Minou, minou, minou !"
S'il vient, c'est un chat,
si elle vient, c'est une chatte ! »

Toto pose une charade à son copain Julien :
« Ma première... Y'a pas de première ! Ma seconde... Y'a pas de seconde non plus ! Et mon tout... Y'a personne dedans ! C'est quoi ?
- Euh... se gratte la tête Julien.
- Cherche pas ! C'est un train de marchandises ! »

La maîtresse est énervée contre Toto :
« C'est exaspérant. Pourquoi à chaque fois que je te pose une question, me réponds-tu par une autre question ?
- Je fais ça réellement ? »

Le papa de Toto étant en voyage à l'étranger, c'est sa voisine qui l'emmène en voiture à l'école. Juste avant d'arriver, Toto s'étonne :
« Où sont donc tous ces chauffards, ces bandits, ces écraseurs ?
- Cela va te sembler curieux, répond la voisine, mais ils ne sortent que lorsque ton père est au volant. »

« Toto, peux-tu me remplir la salière s'il te plaît ? Il n'y a plus de sel à l'intérieur !
- Oui m'man ! »
Trois heures plus tard...
« Tu en as mis du temps !
- Ben oui, c'est difficile de mettre du sel dans de si petits trous ! »

« Quel homme de lettres n'est ni écrivain, ni professeur ? demande la maîtresse.
- Le facteur ! répond Toto. »

Toto, dans le métro, mâche tranquillement son chewing-gum, assis face à une vieille dame. Au bout d'un moment, la vieille dame se penche vers Toto et lui dit :
« Oh, ce n'est pas la peine de me faire la conversation, mon petit, je suis sourde comme un pot ! »

Toto vient d'entrer en sixième, et il a horreur de l'anglais. Sa maman tâche de l'encourager :
« C'est important l'anglais, la moitié de la planète parle anglais.
- Eh bien justement, ils sont assez nombreux comme ça ! »

À la fin de sa journée d'école, avant la sortie, Toto vient voir la maîtresse et lui dit :
« Dites, madame, est-ce que vous pourriez me dire ce que j'ai appris, aujourd'hui ? Parce que quand je rentre chez moi, papa me le demande tous les soirs… »

Julien chuchote à Toto :
« Psst, Toto, tu connais la blague de l'essence ?
- Ouais, je la connais, elle est bidon ! »

Toto est au camping. Affolé, il court vers son père :
« Papa, papa, j'ai vu une punaise dans ma tente ! C'est dégoûtant !
- Voyons, Toto, ce n'est rien ! Ce n'est qu'une punaise.
- J'ai bien vu que c'était une punaise ! Tu trouves que ce n'est rien ?
- Mais non ! D'ailleurs, tu n'as pas à t'inquiéter, elle est morte. »
Toto se rassure et va se coucher dans sa tente.
Le lendemain, il dit à son père :
« Tu sais papa, tu avais raison pour la punaise. Elle était bien morte. Mais qu'est-ce qu'il y avait comme monde à son enterrement ! »

De bon matin, Toto fait pipi contre
les volets bleus d'une maison,
tout en sifflotant. À ce moment-là,
le propriétaire ouvre sa fenêtre
et surprend Toto sur le fait.
En colère, il réprimande Toto :
« Dis-donc Toto ! Tu vas
arrêter ? Ça te plairait si je faisais
pipi contre les volets de ta maison ? »
Toto, sans se décontenancer,
lui répond :
« Oh, et ben oui, m'sieur ! Tout
le quartier serait en admiration :
j'habite au douzième étage ! »

Le facteur sonne chez Toto :
« Tiens mon grand, voilà une lettre qui arrive tout droit
par avion !
- N'importe quoi, m'sieur ! Je vous ai vu arriver à vélo ! »

« Tu écoutes encore du rap ? c'est complètement démodé, dit Toto à son copain.
- Qu'est-ce qui te fait penser une chose pareille ?
- Mes parents commencent à aimer ça ! »

La maîtresse de Toto lui demande de citer dix animaux africains.
« La girafe, l'éléphant et… euh… huit lions ! »

Toto visite le musée du Louvre avec sa classe. Il tombe devant une momie égyptienne entourée de bandelettes.
« Qu'est ce que ça veut dire, 1564 av. J.-C. ? demande un ami de Toto.
- Oh, répond Toto, c'est sans doute le numéro d'immatriculation de la voiture qui l'a renversée ! »

La maîtresse interroge Toto qui reste muet. Elle lui dit :
« Alors Toto, ma question t'embête ?
– Ça n'est pas tellement la question, c'est la réponse ! »

« Où a été signé le traité de Versailles?
- En bas de la feuille, m'dame. »

Une amie dit à Toto :
« Dis, on se mariera quand on sera grands Toto ?
- Avec toi ? Tu rigoles, c'est impossible !
- Tu me trouves moche ?
- Non, c'est pas ça, mais chez nous, on ne se marie qu'en famille : mon père avec ma mère, mon oncle avec ma tante, mamie avec papy... »

« Connais-tu la blague de Toto en Amérique ?
- Non ?
- Moi non plus, il n'y avait plus de place dans l'avion ! »

« Bonjour, Toto.
- Bonjour, mémé.
- Si tu me dis combien j'ai de bonbons dans ma main, je te les donne tous les deux.
- Tu en as deux !
- Qui te l'a dit ?!? »

Toto rentre à la maison après sa première journée à l'école primaire.
Sa maman lui demande :
« Alors Toto, tu as appris beaucoup de choses aujourd'hui ?
- Pas assez visiblement, ils veulent que j'y retourne demain. »

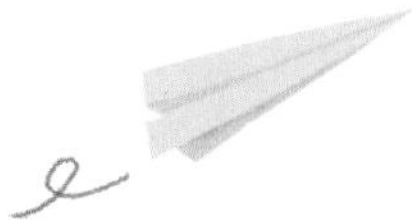

58, rue Jean Bleuzen - CS 70007 - 92178 Vanves CEDEX

Dépôt légal : août 2014 – Édition 02

Loi n° 49-956 du 16 juillet 1949 sur les publications destinées à la jeunesse.
Imprimé par Macrolibros en Espagne. Achevé d'imprimer en juillet 2015.